2025/2026 시험 초단기 완벽 대비

미국마케팅협회 공인마케팅자격증

AMA PCM®
One-Day Mastery

시험 하루 전에 보는
문제은행 1288 전체 요약집

한국마케팅교육

미국마케팅협회 공인마케팅자격증
AMA PCM® One-Day Mastery
시험 하루 전에 보는 문제은행 1288 전체 요약집

초판 1쇄 발행 2025년 7월 15일

편 저	한국마케팅교육
펴 낸 곳	한국마케팅교육
등 록 번 호	제2021-035호
주 소	서울 중구 세종대로 136, 서울파이낸스센터 S8035
전 자 우 편	ilovemarketing@naver.com
홈 페 이 지	www.amapcm.kr
전 화	02-563-0717
I S B N	979-11-93091-06-7

편저자 소개: 한국마케팅교육

2013년 설립된 한국마케팅교육연구소를 모태로 하는 마케팅 전문 교육기관이다. 2015년 6월, 국내 최초로 AMA PCM® 전문 교육과정을 개발하였으며, 2020년 1월 마케팅 전문 이러닝 사이트인 마이마케팅클래스(mymarketingclass.com)를 런칭하여 운영하고 있다. 현재 국내 유일의 미국마케팅협회(AMA) 공식 리셀러 파트너로서 최근 연간 약 100명의 AMA PCM® 합격자를 배출하고 있으며, "Kotler 마케팅관리론", "마케팅 플랜 핸드북" 등 다양한 마케팅 분야의 집필, 번역, 출간에도 힘쓰고 있다.

PCM® 은 미국마케팅협회의 등록상표입니다.
PCM® is the registered trademark of the American Marketing Association.

© 2025 한국마케팅교육
https://amapcm.kr

미국마케팅협회 공인마케팅자격증 AMA PCM®에 대하여

미국마케팅협회 공인마케팅자격증 AMA PCM®(American Marketing Association's Professional Certified Marketer)은 마케팅의 공식적인 정의를 내리는 기관이자, 세계적인 마케팅 저널인 "Journal of Marketing"과 "Journal of Marketing Research"를 발행하는 세계 최고 권위의 마케팅 기관인 미국마케팅협회가 주관하는 마케팅 자격증 프로그램이다.

2001년 미국과 캐나다에서 처음 시작된 이 자격증은, 현재 유럽, 아시아, 아프리카까지 널리 보급되어 있으며, 국내에서는 서울대학교, UCLA, 삼성전자, 딜로이트컨설팅, 제일기획, World Bank, 인천국제공항공사 등 다양한 직업과 업종을 아우르는 700명 이상의 자격증 보유자들이 다양한 마케팅 분야에서 활약하고 있다. 특히 2025년 7월 현재 삼성그룹에만 300명 이상의 AMA PCM® 보유자들이 있다.

AMA PCM® 자격증 프로그램은 Marketing Management 부문, Digital Marketing 부문, Content Marketing 부문 이렇게 세 가지가 있는데 이 중 우리나라에서는 Marketing Management 부문만 응시 가능하다. AMA PCM® Marketing Management 시험은 마케팅 전략과 기획, 글로벌 마케팅, 마케팅 정보 및 리서치, 소비자 및 비즈니스 시장, 시장세분화, 타겟팅, 포지셔닝, 마케팅 믹스(제품, 가격, 유통, 프로모션), 그리고 디지털 마케팅 등 마케팅 관리를 위해 필요한 전 분야를 골고루 다룬다. 모든 문제는 객관식 문제이며 전 문항 영어로 출제된다. 3시간 동안 150개의 문제 중 80% 즉 120문제 이상의 정답을 맞추면 합격이다. 자격증의 유효 기간은 3년이며, 그 기간 내에 소정의 마케팅 학습 내역을 협회에 알리면 재시험 없이 갱신이 가능 하다. 응시료는 미화 349불이며 한 번 구입하면 최대 3회까지 응시할 수 있다. 한국마케팅교육이 운영하는 이러닝 사이트인 "마이마케팅클래스"에서 AMA PCM® 전문 교육 과정을 운영하고 있으며, 응시권도 원화로 저렴하게 구입할 수 있다.

이 자격증 프로그램에 대한 자세한 정보는, AMA PCM® 한국 공식 웹사이트 https://amapcm.kr에서 확인할 수 있다.

이 책의 특징 및 효과적인 활용법

이 책은 세계적인 마케팅 자격증 미국마케팅협회 공인마케팅자격증 AMA PCM® Marketing Management의 문제은행에 수록된 1288개의 모든 문제에 대해, 각 문항의 답안 선택지(answer choices) 중 정답만을 뽑아 질문과 함께 정리한 복습용 교재이다.

기존 AMA PCM® 수험서나 시중에 판매 중인 인강 등을 통해 시험 내용을 어느 정도 숙지한 학습자를 위한 교재이므로, 이 책을 AMA PCM® 시험 대비를 위한 초기 또는 중간 단계의 교재로 사용하는 것은 추천되지 않는다. 다만, 마케팅 원론이나 마케팅 관리론에 대한 이론 지식을 충분히 갖춘 학습자라면 이 책만으로 시험 준비가 가능할 수도 있겠다.

이 책의 효과적인 활용을 위해 다음 사항을 숙지하기 바란다.

- 이 책은 AMA PCM® Marketing Management 시험에 나오는 1288개의 모든 문제를 모아 질문과 정답 부분만을 수록한 것이다. 시험 하루 전 최종 복습이라는 이 책의 취지에 맞게 **이론 정리와 문제 해설은 생략**하였다.
- 본문에 쓰인 우리말은 이해를 돕기 위해 쓰인 것이며, **실제 문제는 100% 영어로** 출제된다.
- **시험은 객관식 문제로만** 출제되며, True/False형(O/X형) 문제 약 30%, 5지선다형 문제 약 70%로 구성되어 있다.
- 5지 선다형 문제는 정답과 질문을 결합하여 문장으로 만든 후, 정답인 부분을 **굵은 글자**로 표시했다.
- True/False형 문제 중 정답이 True인 문제는 문장 전체를 **굵은 글자**로 표시하고, **[맞음]**이라고 표기했다.
- True/False형 문제 중 정답이 False인 문제는 올바른 문장으로 오인하지 않도록 굵은 글자로 표시하지 않았으며, **[틀림]**이라는 표기만 **굵게** 처리했다. 그리고 ☞ 표시와 함께 왜 틀렸는지 이유를 간단히 덧붙였다.

부디 이 책이 여러분들의 AMA PCM® Marketing Management 시험 합격에 확실한 도움이 되기를 바란다.

목 차

Domain 1.
MARKETING STRATEGY --- 7
마케팅 전략

Domain 2.
GLOBAL, ETHICAL, AND SUSTAINABLE MARKETING ----------------------- 51
글로벌, 윤리적, 그리고 지속가능한 마케팅

Domain 3.
MANAGING INFORMATION FOR MARKETING INSIGHTS -------------------- 73
마케팅 통찰을 위한 정보 관리

Domain 4.
BUYERS AND MARKETS -- 109
구매자와 시장

Domain 5.
THE OFFERING: PRODUCT AND SERVICE ------------------------------ 155
제공물: 제품과 서비스

Domain 6.
MANAGE PRICING DECISIONS --------------------------------------- 213
프라이싱 의사 결정 관리

Domain 7.
DELIVER THE VALUE OFFERING ------------------------------------- 237
가치 제공물 전달

Domain 8.
COMMUNICATE THE VALUE OFFERING -------------------------------- 259
가치 제공물 커뮤니케이션

Domain 1.
MARKETING STRATEGY

마케팅전략

마케팅에 대한 오해

1. 마케팅에 대한 일반적인 오해(misconception) 중 하나는 마케팅이 전부 광고와 판매에 관한 것(all about advertising and selling)이라는 것이다. [맞음]

2. 마케팅에 대한 오해(misconception) 중 하나는 **마케팅이 전부 판매에 관한 것(all about selling)**이라는 것이다.

3. 다음 중 올바른 말은, **마케팅은 다른 비즈니스 분야보다 본질적으로 더 비윤리적인(no more inherently unethical) 것은 아니**라는 것이다.

4. 마케팅은 전문적인 학문 분야로서 종종 그에 합당한 "존중"을 받지 못하는데(doesn't get the "respect"), 그 주된 이유는 **다른 비즈니스 기능과 비교했을 때, 성과 영향(performance impact) 을 측정할 수 있는 유용한 지표가 거의 없었기(few useful metrics) 때문이다**

5. 마케팅은 조직 내에서 마케팅 부서에 직접 근무하는 사람들(who work directly in the marketing department)에게만 관련이 있다. **[틀림]** ☞ 조직 내에 모든 사람들이 마케팅에 참여할 때 더욱 효과적이다.

마케팅의 가시성

6. 모든 비즈니스 분야 중에서, **마케팅**이 일반적으로 조직 외부 사람들에게 가장 가시적(most visible)이다.

7. 다음 중 내부 비즈니스 운영의 범위를 넘어 대중에게 널리 공개되어 있고(highly public) 가시적인(readily visible) 비즈니스 분야는 **마케팅**이다.

마케팅에 대한 피터 드러커의 관점

8. Peter Drucker는 고객이 가치를 정의하기 때문에, 기업의 두 가지 주요 기능은 마케팅과 혁신(marketing and innovation)뿐이라고 말했다. [맞음]

9. 현대 경영학의 아버지 Peter Drucker는 조직의 유일한 목적은 **고객을 만들어 내는 것**(create a customer)이라고 말했다.

10. 현대 경영학의 아버지 Peter Drucker는, 마케팅이 **고객의 관점에서 본 전체 비즈니스다**(the whole business as seen from the customer's point of view)라고 믿었다.

AMA의 마케팅 정의

11. 미국마케팅협회(AMA)는 마케팅을 "고객, 클라이언트, 파트너, 그리고 사회 전체를 위한 가치를 지닌 제공물을 만들고, 알리고, 전달하고, 교환하는 활동, 제도의 집합, 그리고 프로세스(the activity, set of institutions, and processes for creating, communicating, delivering, and exchanging offerings that have value for customers, clients, partners, and society at large)"라고 정의한다. [맞음]

12. 마케팅은 고객, 클라이언트, 파트너, 그리고 사회 전체를 위한 가치를 지닌 제공물을 만들고, 알리고, 전달하고, 교환하는 활동, 제도의 집합, 그리고 프로세스이다.

13. AMA의 마케팅 정의는 마케팅 활동이 **가치 있는 제공물을 만들어내고 전달하는 것**(creating and delivering offerings that have value)에 초점을 맞춘다는 관점을 반영한다.

14. 채용(recruiting)은 마케팅의 한 측면이 아니다.

마케팅 이해관계자

15. 최근 140일간의 파업 이후, 캘리포니아의 노조원들은 지역 식료품점에서 다시 일하기 시작했다. 노조는 임금 인상, 더 나은 건강보험, 단일 급여 체계를 협상했다. 이 노조는 **이해관계자(stakeholder)**로 가장 잘 설명될 수 있다.

16. 잘 알려진 TOMS 신발회사가 실행하는 목적 마케팅(purpose marketing) 또는 친사회적 마케팅(pro-social marketing)은 **소비자들과 의미 있는 방식으로(engages meaningful way)** 소통한다.

17. Starbucks처럼 엄격한 재활용 프로그램을 시행하거나, 환경을 고려한 제품을 만드는 General Electric처럼 지속가능성(sustainability) 관행을 홍보하는 기업들은 **그린(green)** 마케팅을 실천하고 있다.

마케팅의 핵심: 가치와 교환

18. 다음 중 핵심적인 두 가지 마케팅 개념은 **가치와 교환**(value and exchange)이다.

19. 고객의 관점에서 볼 때, 제안으로부터 고객이 받는 혜택의 묶음 대비, 그것을 얻기 위해 고객이 부담한 비용의 비율로 정의되는 것은 **가치**(value)이다.

20. 마케팅의 핵심 원칙 중 하나로, 어떤 사람이 자신에게 가치 있는 것을 포기하고 자신이 원하는 다른 것을 얻는 행위는 **교환**(exchange)이다.

21. Brian은 딸의 피아노 선생님 웹사이트를 관리해주는 대가로 수업료를 할인 받는다. Brian은 마케팅의 핵심 원칙인 **교환**(exchange)을 실행하고 있다.

마케팅의 진화

1) 산업 혁명 이전 시대

22. 중세 시대의 기사들은 전투에서 자신을 보호하기 위해 44사이즈의 갑옷을 골라서 입을 수 없었다. 마찬가지로 일반 사람도 구두장이에게 가서 몇 분 만에 신발을 사는 건 불가능했다. 마케팅이 등장하기 이전의 이 시기는 **산업혁명 이전 시대(pre-industrial revolution)**라고 불린다.

2) 생산 지향성

23. 생산 지향적 사고방식(production orientation mentality)에 갇힌 기업은 고객들을 위해 경쟁하는 데에 있어서 성공하기 어렵다. [맞음]

24. Henry Ford는 Model T를 대량 생산할 수 있게 해준 조립 라인을 만든 것으로 경영학과 학생들에게 잘 알려져 있다. 이는 **생산(production)** 지향성의 사례이다.

25. Henry Ford가 "사람들은 원하는 어떤 색이든 모델 T를 살 수 있다. 단, 그 색이 검정일 경우에만 말이다"라고 말했을 때, 그는 **생산(production)** 지향성을 반영하고 있었다.

26. 제1차 세계대전 종전 시기 즈음에 생산 능력 활용도(production capacity utilization)가 감소하기 시작한 이유 중 하나는 **금융시장이 기업에 매출과 이익 증대를 지속적으로 요구했기 때문이다(financial markets placed more pressure on firms to continually increase sales volume and profits)**.

3) 영업 지향성

27. 전형적인 자동차 대리점은 고객에게 구매를 유도하기 위해 고압적이고 흥정 중심의 판매 전술을 사용한다. 이는 **영업(sales)** 지향성의 사례이다.

28. 제2차 세계대전 이후, 기업들은 많은 부분에서 장기적인 변화를 겪었다. 다음 중 이러한 변화의 원인이 아닌 것은 **단기 이익을 목표로 한 영업 지향적 사고(sales orientation with the objective of achieving short-term profits)에 집중하기**이다.

4) 마케팅 개념

29. 마케팅 개념(marketing concept)을 실제로 효과적으로 구현하기 위한 방법을 배우기 위해 활발히 리서치를 수행하는 기업은 대체로 **마케팅** 지향성을 갖는다.

30. 마케팅 개념(marketing concept)은 **1950년대**에 도입되었다.

31. 마케팅 개념(marketing concept)은 처음으로 **General Electric**의 연례 보고서(annual report)에서 명시되었다.

마케팅 믹스

32. 마케팅의 4P는 **제품, 가격, 장소, 프로모션**(product, price, place, and promotion)을 의미한다.

33. **정책**(policy)은 마케팅 믹스에 포함되지 않는다.

38. 마케팅 믹스 요소 중 하나를 변경하면 이는 **다른 요소들에 도미노 효과**(domino effect)를 가져온다.

34. 오늘날 제공물(offering)은 마케팅 믹스에서 **제품**(product)으로 간주된다.

35. 마케팅 믹스의 맥락에서, 오늘날 **가격**(price)은 가치 개념과 관련하여 주로 다루어진다.

36. 공급망 관리(supply chain management) 개념은 마케팅 믹스 중 **장소**(place)의 일부로 간주된다.

37. 마케팅 믹스의 4P 맥락에서, 휴대폰과 인터넷 같은 첨단 미디어 옵션은 **프로모션**(promotion)에 큰 영향을 미쳤다.

마케팅 개념 이후의 새로운 마케팅 지향성

1) 차별화 지향성

39. 당신의 제품을 경쟁사의 제품과 뚜렷하게 구별되도록 만드는 것을 **차별화(differentiation)**라고 한다.

40. Clean-O라는 회사는 병원과 요양원 시장을 위한 세정제를 만들고 있으며, 이는 주요 감염균인 황색포도상구균의 99%를 제거한다고 보장된다. 다른 회사들과 달리 Clean-O는 소비자 시장을 추구하지 않는다. 이 경우, Clean-O는 **차별화(differentiation)** 지향성을 채택한 것이다.

2) 시장 지향성

41. Hannah의 의류 수선 가게는 고객의 니즈에 맞추어 운영되며, 요일에 따라 운영 시간이 달라지고 저녁 시간이나 주말에도 영업을 한다. Hannah의 가게는 **고객 중심적(customer-centric)**이라고 말할 수 있다.

3) 관계 지향성

42. 관계 지향적인 기업들(relationship-oriented firms)은 대체로 **기업의 제공물에 매우 만족하는 수익성 높은 기존 고객을 유지하고 육성한다**(keep and cultivate).

43. 한 지역 조경 회사는 수익성 높은 기존 고객을 유지하고 육성하는 데 힘쓰며, 수익성이 불확실한 신규 고객 확보에 지속적으로 투자하지 않는다. 이 회사는 **관계**(relationship) 지향성을 가지고 있다.

44. Satern Brothers는 소기업에 회계 서비스를 제공한다. 세금 시즌 전후에는 파트너들이 각 고객 회사를 직접 만난다. 세금 변경 사항을 업데이트하기 위해 매월 뉴스레터를 발송한다. 이 회사의 비즈니스 관행은 신규 고객 확보보다는 수익성 있는 기존 고객 유지에 초점을 맞춘다. Satern Brothers는 **관계**(relationship) 지향성을 채택했다.

45. 고객관계관리(CRM)는 **더 높은 수준의 고객 만족을 촉진하기**(facilitate higher levels of customer satisfaction) 위해 설계되었다.

4) 일대일 마케팅

46. 고객과 학습 관계를 맺고, 자사의 자원을 각 제품이나 서비스를 가능한 한 맞춤화하는 데 사용하는 개념은 **일대일 마케팅(one-to-one marketing)**이라고 한다.

47. 전략적 마케팅(strategic marketing)이란, 기업이 고객과 학습 관계를 구축하고, 학습된 정보를 기업의 생산 및 서비스 역량과 연결하는 데 자원과 에너지를 집중해야 한다는 개념이다. **[틀림]** ☞ 이 설명은 일대일 마케팅(one-to-one marketing)에 대한 설명이다.

48. Don Peppers와 Martha Rogers는 일대일 마케팅(one-to-one marketing)이라는 용어를 대중화했다. 일부 기업은 유연한 생산과 유연한 마케팅을 결합하여 고객 선택권(customer choice)을 개선함으로써 일대일 마케팅에 근접하고 있다. **[맞음]**

49. Levi's는 고객 선택권(customer choice)을 크게 개선하기 위해 유연한 생산과 유연한 마케팅을 결합하고 있다. 고객은 Levi's 웹사이트나 일부 직영 매장을 방문해 자신만을 위한 청바지를 주문할 수 있다. Levi's는 **대량 맞춤화(mass customization)** 지향 방식을 채택했다.

미래를 향한 변화의 동인

1) 제품 과잉 및 고객 부족

50. Wiersema의 저서 『The New Market Leaders』에서는 여섯 가지 새로운 시장 현실을 제시한다. 그 중 하나는 **혁신이 보편화 된다**(innovation is universal)는 것이다.

2) 마케터에서 고객 쪽으로 정보 파워의 이동

51. Fred Wiersema의 저서 『The New Market Leaders』에서는 마케터가 B2B 및 B2C 시장 모두에서 고객보다 더 많은 권한을 계속해서 가질 것이라고 말한다. **[틀림]** ☞ 마케터와 고객 간의 힘의 균형이 B2C 시장과 B2B 시장 모두에서 고객 쪽으로 이동하고 있다고 말했다.

52. 오늘날 고객은 기업, 제품, 경쟁자, 다른 고객들, 심지어 마케팅 계획 및 전략의 세부 사항에 대한 사실을 무한히 접할 수 있다. 이는 마케팅의 미래에 영향을 미치는 변화 동인 중 **정보의 파워가 마케터에서 고객 쪽으로 이동한다**(shift in information power from marketer to customer)는 것을 반영한다.

53. 현재의 비즈니스 환경에서 기업들은 블로그, 채팅방, 독립 웹사이트 등 무한한 정보 출처를 가진 소비자와 함께 제품과 서비스에 대해 개방적으로 임해야 한다(firms have learned to be open about products and services)는 점을 배웠다. [맞음]

54. 제약회사의 소비자 직접 마케팅(direct-to-consumer marketing by pharmaceutical companies)과, 환자들이 웹사이트에서 이용할 수 있는 방대한 건강 정보(the vast amount of health information available to patients on websites)는 소비자들이 스스로 진단하고 처방할 준비가 되어 있음을 보여준다. [맞음]

3) 세대별 가치관과 선호의 변화

55. 밀레니얼 세대는 인구의 대략 **25%**를 차지하며, 연간 **2천억달러($200 billion)**의 구매력을 가진다.

56. 진정성보다 콘텐츠를 더 선호한다(favor content over authenticity)는 것은 밀레니얼 세대의 특징 중 하나가 아니다.

57. Girl Scouts는 2013년에 쿠키 판매점 위치 찾기 앱을 출시했다. 이는 마케팅의 미래에 영향을 미치는 변화 동인 중 **세대적 가치관과 선호도의 변화**(shift in generational values and preferences)를 반영한다.

58. Bazooka 캔디 브랜드는 만화 삽지 대신 퀴즈와 브레인티저로 포장 속지를 바꾸었으며, 이는 아이들을 디지털 콘텐츠로 유도한다. 이는 마케팅의 미래에 영향을 미치는 변화 동인 중 **세대적 가치관과 선호도의 변화**(shift in generational values and preferences)를 반영한다.

59. Claire와 그녀의 어머니는 둘 다 마케팅 직업을 가지고 있다. Claire는 유연한 근무 일정과 친구들과 휴가를 즐길 수 있는 높은 수입 덕분에 자신의 일을 만족스럽다고 느낀다. 반면 어머니는 건강 보험 혜택과 정규 근무 시간 등 정형화된 일을 제공하는 직업을 선택했다. 이는 업무와 가정생활에 영향을 미치는 **세대적 가치관과 선호도의 변화**(shift in generational values and preferences)의 변화를 보여준다.

60. Y세대(Gen Y) 소비자들은 주로 State Farm Insurance 같은 마케터와의 관계를 이전 세대들과 정확히 동일한 방식으로 가치 있게 여긴다. [틀림] ☞ Y세대 소비자들은 영업사원이라는 인적 커뮤니케이션에 의존하는 State Farm 보험회사보다, 디지털 커뮤니케이션 중심인 GEICO 같은 보험회사에 대해 더 큰 로열티를 보인다고 한다.

4) Big M과 little m의 구별로의 변화

61. 마케팅의 미래에 영향을 미치는 변화 동인의 맥락에서, 기업이 전략과 전술을 바라보는 방식은 **Big M과 little m의 구분으로의 전환**(shift to distinguishing marketing(Big M) from marketing(little m))에 반영된다.

62. 마케팅의 미래에 영향을 미치는 변화 동인의 맥락에서, 마케팅 믹스의 구성 요소를 설계하는 것과 같은 마케팅 전술은 **Big M과 little m의 구분으로의 전환**(shift to distinguishing marketing(Big M) from marketing(little m))에 반영된다.

A. Big M

63. Big M은 **전략적(strategic)** 마케팅이라고도 불린다.

64. 전략적 수준에서, little m은 비즈니스 전략의 드라이버 역할을 한다.**[틀림]** ☞ little m은 전략적 마케팅이 아니라 전술적 마케팅이다.

65. 조직 전반에 걸친 고객 지향성과 장기적인 수익이라는 핵심적 마케팅 개념의 특성은 본질적으로 **전략적(strategic)**이다.

66. Big M은 마케팅 투자에 대한 **전략적이고, 장기적이고, 전사 차원의(strategic, long-term, firm-level commitment)** 결심을 의미한다. [맞음]

67. 전략적 마케팅이란 부분적으로 **마케팅 투자에 대한 장기적이고 전사 차원의 결심(a long-term, firm-level commitment to investing in marketing)**을 의미한다.

68. 성공적인 Big M을 위해 필요한 실행 요소 중 하나는 **조직 내 모든 사람이 고객 지향 개념을 이해하도록 하는 것**(ensuring that everyone in an organization understands the concept of customer orientation)이다.

69. 성공적인 마케팅의 Big M을 위해, 기업은 조직 내부의 모든 프로세스와 시스템을 고객 중심으로 정렬해야 한다(for successful marketing(Big M), firms need to align all internal organizational processes and systems around the customer). [맞음]

70. 성공적인 Big M을 위해, 모든 조직 내부의 업무 관행은 **고객(the customer)**을 중심으로 정렬되어야 한다.

71. 성공적인 Big M을 위해 바람직하지 않은 실행 요소 중 하나는 **마케팅 부서가 마케팅의 Big M이 실행되는 곳이라는 사실을 기억하는 것**(remembering the fact that the marketing department is where marketing(Big M) takes place)이다.

72. 시장 지향성의 구성 요소인 고객 지향성은 고객을 기업의 모든 측면의 중심에 둔다(customer orientation, a component of market orientation, places the customer at the core of all aspects of the enterprise). [맞음]

73. 마케팅의 Big M이 성공하려면, **최고 경영진(top management)**이 이를 지원해야 한다.

74. 성공적인 Big M을 위해, 고객 지향성은 **조직 구성원 모두**(everyone in the organization)에 의해 이해되어야 한다.

75. Big M이 성공하기 위해, 기업은 **시장을 주도하는 전략**(market-driving) 전략을 수립해야 한다.

76. Big M은 기존 세분시장을 알아내는 것뿐만 아니라 새로운 세분시장을 창출하는 것이기도 하다(marketing(Big M) is not just identifying existing segments but also creating new ones). [맞음]

77. 시장 창출(market creation)은 고객이 이전에는 가능하거나 현실적이라고 깨닫지 못했던 완전히 새로운 욕구 집합을 충족시키도록 시장을 이끄는 접근 방식을 의미한다.

78. 마이크로소프트의 정보 분야 혁신과 디즈니의 현대적 테마파크 산업 창출은 **시장 창출(market creation)**의 대표적인 사례이다.

B. little m

79. little m은 Big M과는 달리, 기능적 또는 운영적 수준에서 기업과 이해관계자를 지원한다(in contrast to marketing(big m), marketing(little m) serves the firm and its stakeholders at a functional or operational level). [맞음]

80. 마케팅의 미래에 영향을 미치는 변화 동인의 맥락에서, little m은 **기능적 수준에서 기업과 이해관계자를 지원한다**(serves the firm and its stakeholders at a functional level).

81. 마케팅의 미래에 영향을 미치는 변화 동인의 맥락에서, little m은 **전술적(tactical)** 마케팅이라고도 불린다.

82. 브랜드 이미지, 영업사원과 광고가 전달하는 메시지, 고객 서비스, 포장과 제품 특성, 선택된 유통 채널에 이르기까지 모든 요소는 **little m**의 사례이다.

83. DeWanda 회사는 브랜드 이미지를 정의하고 고객에게 메시지를 어떻게 전달할지를 결정하는 데 많은 시간을 쏟았다. 이러한 요소들은 **little m**에 해당한다.

5) 마케팅 투자의 적합성과 회수를 정당화하는 방향으로의 변화

84. 마케팅의 어떤 측면이 측정될 수 없더라도, 여전히 관리될 수 있다(if aspects of marketing can't be measured, they can still be managed). **[틀림]** ☞ 측정될 수 없는 것은 관리될 수 없다.

85. 조직의 미래 성공을 위해, 현업에서 일하는 마케터는 마케팅을 비용이 아니라 투자라고 내부적으로 설득하려는 경향이 있다(practicing marketers tend to pitch marketing internally as an investment, not an expense, in the future success of the organization). **[맞음]**

A. 마케팅 메트릭스

86. 적절하고 효과적인 마케팅 메트릭스는 개선을 위한 핵심 기준을 알아내고, 추적하고, 평가하고, 제공할 수 있도록 설계되어야 한다. 마케팅의 미래에 영향을 미치는 변화 동인 중 이것은 **마케팅 투자 타당성과 수익을 정당화하려는 전환**(shift to justifying the relevance and payback of the marketing investment)을 반영한다.

87. Shari의 상사는 그녀에게 마케팅 부서에서 개선을 위한 핵심 기준점을 알아내고, 추적하고, 평가하고, 제공하라고 요청했다. 이를 위해 Shari는 **마케팅 메트릭스(marketing metrics)**를 사용했다.

88. 교재에서 마케터들이 마케팅 생산성을 지속적이고 의미 있게 측정할 수 있는 도구를 만들어야 한다고 말할 때, 이는 **회계적 책임(accountability)**의 필요성을 뜻한다.

89. 마케팅 메트릭스에 대해 사실일 가능성이 낮은 문장은 **마케팅은 비용 센터라는 낙인이 있지만, ROI 같은 지표는 마케팅 성공을 나타낼 수 없다**(although marketing carries a stigma as a cost center, metrics such as ROI cannot indicate marketing success)는 것이다. ☞ ROI는 마케팅이 성공적인지 아닌지를 보여주는 대표적인 지표이다.

가치, 혜택, 효용

1) 가치

90. 고객의 관점에서 가치란, 고객이 어떤 제공물로부터 받는 혜택 묶음의 양을, 그 혜택을 얻기 위해 발생한 비용과 비교한 비율이다(from a customer's perspective, value is the ratio of the bundle of benefits a customer receives from an offering compared to the costs incurred by the customer in acquiring that bundle of benefits). [맞음]

91. Joelle은 생일 선물로 자신에게 Coach 브랜드의 새 핸드백을 샀다. 그동안 핸드백에 그렇게 많은 돈을 써본 적은 없었지만, 너무 예뻐서 그럴 가치가 있다고 판단했다. 이 사례는 고객의 **가치(value)**에 대한 지각이 구매 행동에 영향을 줄 수 있음을 보여준다.

2) 가치 제안

92. 삼성전자가 미국 시장에 브랜드를 처음 출시했을 때 제시한 첫 번째 가치 제안은 가격과 기능이었다(Samsung's first value proposition when the brand was launched in the united states was price and functionality). [맞음]

93. 기업이 제품의 가치 제안을 고객에게 전달할 때, 그 메시지는 제품의 혜택만을 포함한다(when a firm communicates the value proposition of its products to customers, the value message only includes the benefits of the product). [틀림] ☞ 혜택과 비용이 함께 포함되어야 한다.

94. 장기적인 고객 관계를 구축하고자 하는 기업에게 있어, 고객이 만족하고 있다는 사실만으로 관계가 지속될 것이라고 확신할 수 있다(for firms interested in building long-term customer relationships, having satisfied customers is enough to ensure the relationship is going to last). [틀림] ☞ 기업의 가치 제안은 단순한 만족을 넘어서서 장기적으로 고객이 기업과 회사의 제품 및 브랜드에 대해 확신을 가질 정도로 충분히 강해야 한다

3) 효용

95. Michael은 Mercedes를 살 여유가 없다는 걸 알면서도 갖고 싶어 했다. 어떤 제품이 욕구(wants)를 충족시켜주는 힘은 **효용**(utility)이라고 불린다.

96. 다음 중 효용에 대한 설명으로 옳은 문장은 "**네 가지 주요 효용은 형태, 시간, 장소, 소유권**(the four major kinds of utility are form, time, place, and ownership)이다"라는 것이다.

97. 기업이 원자재를 시장이 원하는 완제품으로 전환함으로써 창출되는 효용은 **형태**(form) 효용이라 불린다.

98. 형태 효용(form utility)이란 **시장이 원하는 제공물을 창출하는 생산의 역할**(production's task in creating an offering that is desired by the market)이다.

99. Starbucks는 고객이 편리하게 접근할 수 있도록 가까운 거리에 매장을 두는 것으로 알려져 있다. 이 커피 체인점은 장소 효용을 제공하고 있는 것으로 보인다(Starbucks is known to have shops located in close proximity to enable customers to shop conveniently. It appears that the coffee shop chain is offering place utility). [맞음]

100. 가치는 기업과 그 제품이 고객에게 제공하는 일종의 효용이다(value is some type of utility that a company and its products provide for customers). **[틀림]** ☞ 기업과 그 제품이 고객에게 제공하는 효용은 가치가 아니라 혜택이다.

가치사슬

101. 가치 사슬(value chain) 개념을 만든 사람은 **마이클 포터(Michael Porter)**이다.

102. 가치 사슬(value chain)의 다섯 가지 주요 활동이 아닌 것은 **기술 조달(technology procurement)**이다.

103. 아웃바운드 로지스틱스란 제품의 유통을 의미한다(outbound logistics refers to the distribution of products). [맞음]

104. 가치 사슬(value chain)의 마지막 요소는 마진이며, 이는 기업이 창출한 이윤(profit made by the firm)을 의미한다. [맞음]

105. 한 창호(window) 제조업체가 고급 창호 제작용 유리를 확보하는 데 어려움을 겪고 있다. 가치 사슬(value chain)의 다섯 가지 주요 활동 중 이 문제는 **인바운드 로지스틱스(inbound logistics)**에서 발생할 것이다.

106. Dave는 카드 마술로 유명한 근접 마술사(close-up magician)로, 자신의 마술을 담은 DVD를 제작해 판매한다. 최근 그는 DVD 제작이 제시간에 이뤄지지 않는 문제를 겪고 있다. 가치 사슬(value chain)의 다섯 가지 주요 활동 중 이 문제가 발생한 곳은 **운영(operation)**일 것이다.

107. Sean은 자신이 운영하는 비디오 게임 오락실(arcade)의 성공이 게이머 대상 인기 웹사이트에 광고를 실은 덕분이라고 믿는다. 최근 해당 웹사이트가 광고 단가를 인상하자 Sean은 광고를 절반으로 줄였고, 이제는 입소문만으로 충분할 것이라 생각했다. 하지만 매출은 감소하고 있다. 이 문제는 가치 사슬(value chain)의 다섯 가지 주요 활동 중 **마케팅과 영업(marketing and sales)**에서 발생했을 것이다.

108. Mark와 Gregory는 1,500명 이상의 직원을 둔 제조업체의 파트너(공동대표)이다. 최근 직원들은 건강보험 보장 및 보험료 변경 사항에 대해 고지가 없었다고 불만을 제기하고 있다. 이 문제는 가치 사슬(value chain)의 지원 활동(support activity)들 중 **인적 자원 관리(human resource management)**에 속한다.

109. 가치 사슬(value chain) 내 모든 활동이 잘 작동하고 있다면, 매니저들은 활동 간 정렬(aligning the activities)에 대해 걱정할 필요가 없다. **[틀림]** ☞ 가치 사슬 내 모든 기능들이 서로 원활한 협력 속에서 실행되어야 기업의 가치 제안에 부정적인 영향을 미치지 않기 때문에 매니저들은 가치 사슬의 다양한 활동 요소들이 잘 정렬되는지에 대해 집중할 필요가 있다.

포트폴리오 분석

1) BCG 매트릭스

110. BCG 매트릭스에 따르면, 별(star)로 분류되는 사업은 높은 성장률과 낮은 시장 점유율(high growth and low market share)을 가진다. **[틀림]** ☞ 별이 아니라 물음표(question mark)이다.

111. BCG 매트릭스에서 문제아(problem children)로 분류된 기업은 **낮은 점유율과 높은 성장률(low share and high growth)**의 특징을 가진다.

112. Green Scene Co.는 고전 중인(struggling) 스타트업으로, 대규모 자금 투입이 필요한 상황이다. 이 회사는 상업용 유기농 농가에 사용이 승인된 친환경 살충제를 보유하고 있으며, 이 제품은 천연 성분으로 제조되어 큰 잠재력을 갖고 있다. 한 소규모 투자사가 Green Scene에 자금을 투자했다. BCG 매트릭스의 맥락에서 Green Scene은 **물음표(question marks)**로 간주될 것이다.

113. Mega-Big Corp.는 의료용 소프트웨어 회사인 Soft Works의 인수에 관심을 보이고 있다. Soft Works는 의료업계에서 사용 편의성으로 호평 받고 있지만 판매 실적은 좋지 않다. 두 명의 소프트웨어 엔지니어가 창업했지만, 재무적 모험과 미숙한 경영 판단으로 인해 문제가 있었다. Mega Corp.는 적절한 경영이 이루어진다면 이 소프트웨어 회사가 업계 리더가 될 것이라 믿고 있다. BCG 매트릭스의 맥락에서 Soft Works는 **문제아(problem child)**로 간주될 것이다.

114. BCG 매트릭스에 따르면, 개(dog)로 분류된 사업은 높은 성장률과 높은 시장 점유율(high growth and high market share)을 가진다. **[틀림]** ☞ 개로 분류된 비즈니스는 낮은 성장률과 낮은 시장 점유율로 특화된다.

115. 대형 농업 기업인 Mammoth Foods는 최근 MJS Organic Foods Co.를 인수했다. MJS는 6년 전 설립되었으며, 현재 미국 북동부 지역의 레스토랑에 주요 공급업체로 자리 잡았다. 유기농 허브, 채소, 과일 시장은 향후 10년간 두 자릿수 성장률이 예상된다. BCG 성장-점유 매트릭스에 따르면 MJS는 **별(star)**로 분류될 것이다.

116. Hot and Cold Corp.는 패스트푸드점, 병원, 편의점 등에서 사용하는 일회용 커피 및 탄산음료 컵을 생산한다. 최근에는 매립지에서 5년 이내에 분해되는 확실한 신제품을 개발 중이다. BCG 매트릭스에 따르면 이 유망한 신제품 라인은 **별(star)**로 분류될 것이다.

117. BCG 매트릭스에서 **캐시카우(cash cows)**는 높은 점유율과 낮은 성장률(high share and low growth)을 특징으로 하며, 기업 내부의 주요 현금 창출원(key sources of internal cash generation) 역할을 한다.

118. Mega-Big Corp.는 자동차 제조업체에 필수적인 부품을 생산하는 소규모 전략사업단위(SBU)를 보유하고 있으며, 이 부문은 지난 18년간 매우 수익성이 높았다. 이 SBU는 기업의 주요 수입원(source of income)으로 작용한다. BCG 매트릭스의 맥락에서 이 사업부는 가장 가능성 높은 **캐시카우(cash cow)**로 간주될 것이다.

119. 최근 주택 신축 감소로 건축 자재 수요가 줄어들고 있다. Woods Corp.는 캐비닛 등 용도로 사용되는 마호가니 및 체리 목재를 생산하는 고급 목재 사업부의 폐쇄를 고려하고 있다. BCG 성장-점유 매트릭스(Boston Consulting Group Growth-Share Matrix)에 따르면 이 사업부는 **개(dog)**로 분류될 것이다.

2) GE 비즈니스 스크린

120. GE Business Screen 포트폴리오 모델은 사업을 시장 매력도(market attractiveness)와 비즈니스 포지션(business position)이라는 두 차원으로 평가한다. [맞음]

121. 다음 중 GE Business Screen의 비즈니스 포지션 요소 중에서 **정부 규제(governmental regulations)**는 포함되지 않는다.

122. GE Business Screen 모델에서, 비즈니스 포지션(business position)이라는 차원은 정부 규제, 경제 동향에 대한 민감도, 시장 규모(government regulations, sensitivity to economic trends, and size of the market)와 같은 요소를 살펴본다. **[틀림]** ☞ 이 설명은 비즈니스 포지션이 아니라 시장 매력도(market attractiveness)에 대한 것이다.

미션, 비전, 목표

123. 미션 선언문(mission statement)은 조직의 존재 이유를 설명하며, 경쟁사와 차별화되는 고유한 목적(unique purpose)을 정의하고, 기업의 운영, 제품, 시장의 범위(the scope of the company's operations, products, and markets)를 규정한다.

124. 미션 선언문(mission statement)은 기업의 전략적 비전(firm's strategic vision)에 대한 논의가 포함되지 않는다. [틀림] ☞ 포함된다.

125. 목표는 기업의 미션을 지원하는 일반적으로 바람직한 성취를 나타내는 폭넓은 진술이다(goals are broad statements of generally desired accomplishments in support of the firm's mission statement). [맞음]

126. 다음 중 목표(goal)라고 간주할 수 있는 것은 **업계 리더가 되는 것**(to be the leader in one's field)이다.

127. 다음 중 세부 목표(objective)로 간주될 수 있는 것은 **향후 5년간 매년 매출을 15~20% 증가시키는 것**(to increase revenue by 15 to 20 percent in each of the next five years)이다.

128. 목표(goal)와 세부 목표(objective)는 **상황 분석 후**(at the end of the situation analysis)에 설정되어야 한다.

기업의 전략

129. 전략에는 두 가지 핵심 단계, 즉 수립(formulation)과 실행(execution)이 있다. [맞음]

1) 일반 전략

130. 기업의 경쟁 전략(competitive strategy)은 성장 가능 여부를 결정하고, 성장할 수 없다면 안정 또는 축소를 통해 생존할 방법을 찾게 한다(a firm's competitive strategy leads it to decide if it can grow and if not, how to survive through stability or retrenchment). [틀림] ☞ 이 설명은 경쟁 전략이 아니고 일반 전략(generic strategy)에 대한 것이다.

131. 성장, 안정, 축소(growth, stability, and retrenchment)는 기업의 **일반(generic)** 전략과 관련된 포지션을 나타낸다.

132. 미국 외의 몇몇 비즈니스 문화에서는 높은 성장률 달성에 대한 압박이 덜한 것으로 보인다(Companies in some business cultures based outside the United States seem to have less pressure to achieve high levels of growth). [맞음]

133. Hernandez 형제는 잔디 관리 회사들이 사용하는 트레일러를 제조한다. 이 회사는 텍사스에서 그들의 아버지가 창업했으며, 하나의 생산 시설과 네 곳의 판매 및 서비스 지점을 가지고 있었다. 형제들이 회사를 물려받은 이후 지난 12년 동안 미국 남동부 전역에 26개의 판매 및 서비스 센터를 개설하며 확장해 오고 있다. 이 경우 이 회사는 **성장(growth)**에 기반한 일반적인 비즈니스 전략(generic business strategy)을 사용하는 것으로 보인다.

134. Go Fish Sushi 레스토랑은 주로 쇼핑몰 내에 위치한다. 이 레스토랑은 처음 7년 동안 빠르게 성장했으나, 소유주는 더 많은 매장을 추가하면 운영을 관리하기 어렵다고 판단하고 기존 활동을 큰 변화 없이 유지하기로 결정했다. 이 경우, 이 소유주는 **안정(stability)**이라는 일반 전략을 추구하는 것으로 보인다.

135. Zenith Homebuilders는 과거에 건축 용지를 많이 매입하고 후분양 주택을 지었다. 하지만 부동산 경기가 둔화된 이후로는 선계약이 된 경우에만 주택을 짓고 있다. 이 경우 이 회사는 **축소(retrenchment)**라는 일반 비즈니스 전략(generic business strategy)을 따르고 있는 것으로 보인다.

2) 마이클 포터의 경쟁 전략

136. 기업이 경쟁사보다 더 잘 수행할 수 있는 활동은 **차별적 역량(distinctive competencies)**이라 불린다.

3) 전략적 유형

137. 다음 중 Miles와 Snow가 제안한 기업의 네 가지 전략적 유형(strategic types)에 해당하지 않는 것은 **타협자(compromisers)**이다.

상황분석: 거시환경분석

138. 휴대전화 및 MP3 플레이어용 헤드폰을 제조하는 Victor Inc.는 해외에서 계약 생산을 한다. 이 회사는 관세 인상 가능성에 대해 우려하고 있다. 이러한 검토는 상황 분석(situation analysis) 중 **정치적, 법적, 윤리적 요인(political, legal, and ethical factors)**에 대한 것이다.

139. 자동차 제조업체는 국가교통안전위원회(NTSB)가 정한 규정을 준수해야 한다. 상황 분석(situation analysis)의 맥락에서, 이는 거시적 수준 외부 환경 요인(macro-level external environmental factors) 중에서 **정치적, 법적, 윤리적 요인(political, legal, and ethical)**에 대한 사례이다.

140. 2010년 미국 인구 리서치에 따르면, 아시아계 미국인은 고소득, 고성장 인종 집단이다. 상황 분석(situation analysis)의 맥락에서, 이 정보는 거시 수준 외부 환경 요인(macro-level external environmental factors) 중에서 **사회문화/인구통계적 요인(sociocultural/demographic factors)**에 속한다.

141. 오늘날 많은 소매업체는 고객이 회사의 제공 정보를 최신 상태로 확인할 수 있도록 스마트폰이나 태블릿에 다운로드할 수 있는 앱을 만든다. 상황 분석의 맥락에서, 이는 거시적 외부 환경 요인(macro-level external environmental factors) 중에서 **기술적 요인(technological factors)**에 속한다.

상황분석: 경쟁환경분석

142. 기타 이해관계자의 상대적 영향력(relative power of other stakeholders)은 마이클 포터가 직접 다룬 경쟁적 요인이 아니다.

143. 가격 인상 능력이나 유입되는 제품 및 서비스의 품질에 영향을 미칠 수 있는 능력을 통해 산업의 경쟁적 특징에 영향을 미칠 수 있는 주체는 **공급자(suppliers)**이다.

상황분석:
내부환경분석

144. 상황 분석의 맥락에서, **기업 자원(firm resources)**은 내부 환경(internal environment) 분석 범주에 해당한다.

145. 기존 기업 간의 경쟁(rivalry among existing firms)은 내부 환경(internal environment) 분석의 주요 범주가 아니다.

146. 내부 환경 요인은 모두 기업이 통제할 수 있는 요소이다(internal environmental factors are all under the firm's control). [맞음]

상황분석: SWOT분석

147. 마케팅 플래닝에서, 상황 분석은 경쟁적 강점, 약점, 그리고 트렌드를 식별하는 프로세스를 포함한다(in marketing planning, situation analysis involves identification of competitive strengths, weaknesses, and trends). [맞음]

148. 기업의 SWOT 분석에 포함되지 않는 것은 **문제에 대한 해결책 제시**(suggest solutions to problems)이다.

1) 강점

149. 매우 유능한 인력을 SWOT 분석에 나타낼 가장 적절한 위치는 **내부적 강점(internal strengths)**이다.

150. Lin Wai의 회사인 New Home Builders Corp.는 휠체어나 보행 보조기 사용을 고려한 넓은 복도와 워크인 샤워 공간(출입문과 문턱 없이 바로 진입 가능한 샤워시설) 등 노년층 부부가 집에서 계속 생활할 수 있도록 설계된 주택을 전문으로 한다. 이 회사의 강력한 가치 제안(value proposition)은 침체기인 주택 시장에서도 안정적인 시장 점유율을 유지하게 했다. SWOT 분석의 맥락에서, 이 상대적 우위(relative advantage)에 대한 설명은 **강점(strengths)**이라는 항목에 포함될 것이다.

2) 약점

151. 학교 건물 설계를 전문으로 하는 Little Red Architects의 마케팅 매니저는 회사에서 사용하는 소프트웨어에 오류가 있다는 사실을 발견했다. 그 결과, 최근 몇몇 프로젝트는 예산 초과로 이어질(come in over budget) 예정이다. SWOT 분석의 맥락에서 이 문제는 **약점(weaknesses)**항목에 포함된다.

3) 기회

152. 부동산 신축을 통해 확장을 모색하는 기업이 신용을 확보할 수 있는 경우, 이는 SWOT 분석의 **외부적 기회(external opportunities)**에 있는 것이 가장 적절하다.

153. 항공사가 경쟁사를 인수할 가능성을 SWOT 분석에 표시하려면 **외부적 기회(external opportunities)**가 가장 적절하다.

154. 자동차 딜러십의 마케팅 매니저인 Maria는 SWOT 분석을 작성하고 있다. 이 경우, 파산한 경쟁업체는 **기회(opportunities)**항목에 기재하는 것이 적절하다.

4) 위협

155. 허리케인, 지진, 폭설 등 자연재해에 대한 문제를 SWOT 분석에서 나타내고자 할 경우, **외부적 위협(external threats)**에 기재하는 것이 가장 적절하다.

156. 손목시계 제조업체가 경쟁 관계인 대체 제품의 존재를 SWOT 분석에 포함시키고자 할 경우, 이를 **외부적 위협(external threats)**에 기재하는 것이 가장 적절하다.

157. 자동차 딜러십의 마케팅 매니저인 Malala는 SWOT 분석을 작성하고 있다. 이 경우, 미국 경제의 침체와 신용 시장의 경색(tightening of the credit markets)은 **위협(threats)**항목에 포함되어야 한다.

158. Open Sesame는 미국 서부에 위치한 태국 음식 체인점이다. 마케팅 매니저는 스페인 음식에 대한 수요가 증가하고 있으며 아시아 음식에 대한 선호는 줄어들고 있다는 사실을 발견했다. SWOT 분석의 맥락에서 이 정보는 **위협(threats)**항목에 포함된다.

성장 전략

159. Bliss Massage Therapy Center는 700명이 넘는 고객의 데이터베이스를 유지하며, 각 고객의 생일 달에 특별 할인 쿠폰을 보낸다. 매니저들은 기존 고객들이 할인을 사용할수록 전체 매출이 증가할 것으로 기대하고 있다. Igor Ansoff의 제품-시장 매트릭스(product-market matrix)에 따르면, 이는 **시장 침투(market penetration)**전략의 사례이다.

160. 시장 개발 전략은 기업이 기존 고객에게 새로운 제품을 소비하게 만들기 위해 추가 자원을 투자하는 전략이다(Market development strategies allow a firm to invest additional resources to have existing customers consume new products). **[틀림]** ☞ 이는 시장 개발 전략이 아니라 제품 개발 전략에 대한 설명이다.

161. 화장품 제조업체인 Sunshine Inc.이 향수 제품 라인을 추가로 출시했을 때 기존 고객들의 반응이 좋았다. Igor Ansoff의 제품-시장 매트릭스(product-market matrix)에 따르면, 이는 **제품 개발(product development)**전략의 사례이다.

162. Big Screen Televisions의 마케팅 부사장인 Gabriel은 회사가 현재는 제공하지 않는 DVD 플레이어를 출시하길 원한다. 그는 브랜드 로열티가 높은(brand-loyal) 고객들이 이 제품을 구매할 것이라고 생각한다. Igor Ansoff의 제품-시장 매트릭스(product-market matrix)에 따르면, 이는 **제품 개발(product development)**전략의 사례이다.

163. 전문 유아 교육 기관인 Sunshine의 마케팅 매니저 Inga는 현재 고객을 위한 방과 후 프로그램을 시작하자고 제안한다. 이는 부모와 자녀와의 신뢰 관계를 확장하기 위한 전략이다. Igor Ansoff의 제품-시장 매트릭스(product-market matrix)에 따르면, 이는 **제품 개발(product development)**전략의 사례이다.

164. 북미에서 잘 알려진 배송 서비스인 Time Express는 중남미 지역으로 서비스를 확장하고자 한다. Igor Ansoff의 제품-시장 매트릭스(product-market matrix)에 따르면, 이는 **시장 개발(market development)**전략으로 분류된다.

165. Jamal의 상사는 그에게 캐나다의 몬트리올과 오타와에 새 매장을 열기 위한 적절한 위치를 조사하라고 지시했다. 이 회사는 현재 미국에 278개의 매장을 운영 중이다. Igor Ansoff의 제품-시장 매트릭스(product-market matrix)에 따르면, 새로운 지역으로의 확장은 **시장 개발(market development)**전략의 사례이다.

166. 시장 침투 전략(market penetration strategies)은 기업이 새로운 고객에게 새로운 제품(new products to new customers)을 출시하는 것으로, 종종 해외 시장을 포함한다. **[틀림]** ☞ 이것은 시장 침투가 아니라 다각화(diversification)에 대한 설명이다.

167. Biz Solutions는 전 세계에 12개의 콜센터를 두고 여러 기업의 고객 서비스를 담당하고 있다. 이 회사는 석유 및 가스 산업에 서비스를 제공하는 소프트웨어 회사를 인수할 것을 고려하고 있다. Igor Ansoff의 제품-시장 매트릭스(product-market matrix)에 따르면, 이는 **시장 다각화(market diversification)**전략의 사례이다.

액션 플랜, 컨틴전시 플랜, 실행, 통제

168. 마케팅 플랜에서 모든 전략은 실행 요소(implementation element)를 포함해야 한다. 이 실행 요소는 때때로 **액션 플랜(action plans)**이라고 불린다.

169. 예측 대비 최악의 성과에 대한 별도 계획(separate plans for worst-case performance against the forecast)은 액션 플랜(action plans)에 포함되지 않을 것이다.

170. 마케팅 계획(marketing plan)의 한 부분은 상황이 잘못될 경우를 대비해(if things go wrong) 무엇을 해야 할지를 규정해야 한다. 이 섹션은 **컨틴전시(contingency)** 플랜이라 불린다.

171. 다음 중 예측 대비 최악의 경우, 최상의 경우, 예상되는 경우(worst-case, best-case, and expected-case performance)의 실적에 대비한 별도의 계획을 말하는 것은 **컨틴전시(contingency) 플랜**이다.

172. 예측 대비 실적(performance against a forecast)이 예상보다 높거나 낮을 때 마케팅 전략을 어떻게 조정할지 결정하는 데 있어서 허둥대지 않도록 도와주는(helps avoid scrambling) 것은 **컨틴전시 플랜(contingency plans)**이다.

173. 마케팅 결과를 측정하고(measuring marketing results) 필요에 따라 마케팅 계획을 조정(adjusting the marketing plan)하는 프로세스를 마케팅 **통제(control)**라고 한다.

성공적인 마케팅 플래닝을 위한 조언

174. Teel은 배관 설비 제조업체의 영업사원으로, 도매업체, 주택 건설업체, 소매업체에 판매한다. 그의 마케팅 계획(marketing plan)에는 연간 네 개의 산업 박람회 참가가 포함되어 있다. 최근 그는 자신의 영업 지역에서 소비자를 대상으로 한 새로운 박람회인 Home Show가 열린다는 사실을 알게 되었고, 참석을 원했다. 그의 상사는 추가 박람회 참석을 허락했다. 이 시나리오는 성공적인 플래닝의 **"유연성을 유지하라(stay flexible)"**는 개념이 드러난다.

175. Christy는 자신의 새 매장을 위한 마케팅 계획을 개발할 때, 상황이 변할 수 있다는 점을 염두에 두고 계획도 변화할 수 있도록 했다. 이는 성공적인 마케팅 플래닝을 위한 조언 중 "**전략적 관점을 유지하되 전술적 측면도 놓치지 말라**(staying strategic, but also staying on top of the tactical)"는 것의 중요성을 보여준다. **[틀림]** ☞ 이는 "유연성을 유지하라"의 중요성을 나타내는 것이다.

176. Mary의 회사는 새 제품 라인을 인수할지를 결정하는 데 시간이 지체되었다. 마케팅 팀원들이 관련된 숫자를 분석하는 데 3개월 이상을 소요했기 때문이다. 이 경우, 회사는 성공적인 마케팅 플래닝을 위한 팁 중 **"입력된 정보를 활용하되, 정보와 분석에 매몰되지 말라**(utilize input, but don't become paralyzed by information and analysis)"는 것을 적용하지 못한 것이다.

177. Tyler의 이벤트 기획 회사는 마케팅 보조 인력을 새로 채용했는데, 이 직원은 장기적인 조직 목표에만 집중하고, 계획의 기능적 또는 운영적 측면은 무시한다. 성공적인 마케팅 플래닝 위해 이 신입 직원은 **"전략적 관점을 유지하되 전술적 측면에도 능해야 한다**(stay strategic, but also stay on top of the tactical)"는 개념을 교육받아야 한다.

Domain 2.
GLOBAL, ETHICAL, AND SUSTAINABLE MARKETING

글로벌 마케팅, 윤리적 마케팅, 그리고 지속가능한 마케팅

해외 마케팅의 필요성

178. 개선된 유통, 정교한 커뮤니케이션 도구, 제품 표준화, 인터넷 덕분에 비즈니스는 더 이상 로컬 시장에만 국한되지 않는다(businesses are not confined to a local market due to improved distribution, sophisticated communication tools, product standardization, and the internet). [맞음]

179. 기업이 제조 업무를 해외 시장(foreign markets)으로 이전할 경우, 리스크는 상당히 감소한다(risks decrease substantially). [틀림] ☞ 해외 시장으로 제조 시설을 이전하는 것은 리스크를 증가시킨다.

180. 소규모 기업이 글로벌 시장에 진출하기(to go global) 위해서는 많은 자금을 투자해야 한다. [틀림] ☞ 작은 기업인 경우, 온라인 쇼핑몰과 해외 운송업체 활용 등을 통해 적은 투자로 해외 진출이 가능하다.

글로벌 경험 학습 곡선

181. 기업이 자국 시장을 넘어 마케팅을 이해하게 되는 것은 국제적인 비즈니스 경험(international business experience)이 쌓이면서 점진적으로 이루어진다. 이 프로세스를 **글로벌 경험 학습 곡선**(global experience learning curve)이라고 한다.

182. 기업이 국제 고객과 비즈니스를 하면서도 직접적인 해외 마케팅을 하지 않을 수 있다(A company can do business with an international customer and still not engage in direct foreign marketing). **[맞음]**

183. 기업이 제한적인 직접 접촉(limited direct contact)이나 간접적인 중간상들(indirect intermediaries)을 통해 다른 나라에서 판매할 때, 항상 스스로를 해외 마케팅(foreign marketing)을 하고 있다고 여긴다. **[틀림]** ☞ 이러한 경우는 해외 마케팅을 한다고 말하기 어렵다.

184. 해외 시장에서 제조하고 광범위한 영업 조직과 유통망을 유지하지만 여전히 '내수 우선(domestic first)' 사고방식을 갖고 있는 기업은 아마도 **인터내셔널(international)** 마케팅을 수행하고 있을 것이다.

185. 인터내셔널 마케팅(international marketing)은 회사의 자산과 자원을 글로벌 시장에 맞게 조정하지만, 대부분의 회사에서 경영진은 여전히 내수 우선(domestic first) 방식으로 비즈니스를 수행한다. [맞음]

186. 글로벌 마케팅 기업은 전 세계 시장(자국 시장 포함)이 사실상 다양한 세분시장으로 구성된 하나의 단일 시장(a single market with many different segments)임을 깨닫는다. [맞음]

187. 글로벌 시장으로 진출하기 위한 첫 번째 단계는 시장 기회를 평가하는 것(evaluate the market opportunities)이다. [맞음]

188. 인터내셔널 마케팅 조직과 글로벌 마케팅 조직 간의 가장 중요한 차이점은 경영 철학(management philosophy)과 기업 플래닝(corporate planning)이다. [맞음]

189. 다국적 기업인 Techel Electronics는 자국 시장에서 제품을 제조하지만, 세계를 다양한 세분시장으로 구성된 하나의 시장으로 본다. 이 회사는 2017년 인터내셔널 시장에서 4,700만 달러 상당의 텔레비전을 판매했으며, 이는 전체 매출의 절반 이상이었다. 글로벌 경험 학습 곡선의 단계에서 이 회사는 **글로벌 마케팅(global marketing)**을 수행하고 있는 것이다.

글로벌 마케팅을 위한 필수 정보

190. 글로벌 마케팅 리서치는 경제, 문화, 정치/법률(economic, cultural, and political/legal)이라는 세 가지 유형의 기본 정보만을 중심으로 이루어진다. **[틀림]** ☞ 세 가지가 아니라 다음과 같은 다섯 가지로 이루어진다: 경제적(economic) / 문화 및 사회적 트렌드(culture, societal trends) / 비즈니스 환경(business environment) / 정치적 및 법적(political and legal) / 기타 특정 시장 컨디션(specific market conditions)

1) 경제

191. 1인당 소비자 지출 또는 산업 구매 트렌드에 대한 데이터는 글로벌 시장 리서치 보고서의 **경제(economic)** 섹션에 포함된다.

192. **국내 총생산(gross domestic product)** 은 가장 널리 사용되는 경제 성장 측정 지표 중 하나이다.

193. 한 패션하우스의 국제 영업 담당자인 Cho는 유로화가 미 달러화보다 강세인 점을 우려하고 있다. 이는 글로벌 시장 리서치 보고서의 **경제(economic)** 섹션에 포함된다.

2) 문화 및 사회

194. Serovia에서는 대부분의 사람들이 오후 10시 이후에 저녁 식사를 한다. 이는 글로벌 시장 리서치 보고서의 **문화적 및 사회적(cultural, societal)** 섹션에 포함된다.

195. 빨간색은 세계 각 지역에서 서로 다른 의미를 가진다. 예를 들어 중국에서는 신부가 전통적으로 흰색이 아니라 빨간색을 입는다. 흰색은 죽음을 상징한다. 이는 글로벌 시장 리서치 보고서의 **문화적 및 사회적 트렌드(cultural, societal trends)** 섹션에 포함된다.

3) 비즈니스 환경

196. Sam은 브라질 리우데자네이루로 날아가 잠재 고객과 만날 예정이다. 그는 해당 국가의 윤리적 기준, 격식의 정도, 성별 편견(ethical standards, degree of formality, and gender biases)에 대해 알고 싶어 한다. Sam이 자신의 목적을 달성하는 데 도움이 되는 이러한 정보 유형은 **비즈니스 환경(business environment)**에 속한다.

4) 정치적, 법적

197. Tresnel Inc.의 CEO인 John은 해외 시장 중 한 국가의 정부가 그의 회사의 수익에 제한을 두는 새 법률을 제정했다는 사실을 알게 되었다.(그 법 때문에) 그는 향후 손실이 발생할 것으로 예상한다. John이 **정치적 및 법적(political and legal)** 환경을 조사한다면, 이 상황에 대처할 전략을 수립할 수 있을 것이다.

198. Phillippe는 자사 프랑스 자회사의 매니저를 해고해야 한다. 그는 최근 프랑스 법률상 해고가 어렵다는 사실을 알게 되었다. 이는 글로벌 시장 리서치 보고서의 **정치적 및 법적(political, legal)** 섹션에 포함된다.

199. 많은 국가들이 과거 지배 국가의 사법 체계를 기반으로 자국의 법원 시스템을 구성하고 있다. 예를 들어, 스페인은 남미 여러 국가를 지배했으며, 이로 인해 해당 국가들의 법원은 성문화된 대륙법 체계를 따르고 있다. 이는 글로벌 시장 리서치 보고서의 **정치적 및 법적(political, legal)** 섹션에 포함된다.

이머징 마켓

200. 향후 20년간 세계 경제 성장의 **75%**가 중국, 인도 등 신흥국 시장에서 발생할 것으로 예측된다.

201. 2017년 세계에서 가장 빠르게 성장한 경제는 **리비아(Libya)**였다.

지역 시장 구역

202. 많은 나라들이 무역 장벽 완화와 관세 인하(reduced trade barriers and lower tariffs)를 통해 상호 경제적 이익을 얻기 위해 지역 시장 구역(regional market zones)을 형성한다. [맞음]

203. 종교적 가치관(religious values)은 국가들이 지역 시장 구역을 형성하게 만드는 요인이 아니다.

204. 유럽연합은 가장 성공적인 지역 시장 구역(most successful regional market zone)이다.

205. 유럽연합(EU)의 경제 생산량(economic output)은 미국보다 크다. [틀림] ☞ 미국이 더 크다.

206. MERCOSUR는 **남아메리카**(South America)에 위치한 지역 시장 구역이다.

207. NAFTA는 미국과 **캐나다와 멕시코**(Canada and Mexico) 간의 관세를 철폐한 시장 구역이다.(주. 현재 NAFTA는 폐지되었고 USMCA로 개편 되었다)

208. NAFTA의 약자는 **North America Free Trade Agreement** 이다.

글로벌 마켓 진출 전략

1) 수출

209. 해외 시장에 진입하는 가장 일반적인 방법은 **수출(exporting)**이다.

210. 해외 시장 진입 전략(foreign market entry strategy) 중 가장 일반적인 것은 라이센싱이다. **[틀림]** ☞ 라이센싱이 아니라 수출이다.

211. 대부분의 사람들은 수출을 글로벌 마케팅의 초기 진입 방식(initial entry approach)이 아닌 장기 전략(long-term strategy)으로 간주한다. **[틀림]** ☞ 그 반대이다. 수출은 초기 진입 방식이다.

212. 유통업자(distributors)는 해외 시장에서 수출 기업을 대표한다. 이들은 고객 서비스, 제품 판매, 대금 수령 등을 통해 회사의 얼굴 역할을 한다. 이들은 종종 제품의 소유권을 가지며 재판매한다.

213. 기술(technology) 또는 고급 산업 제품을 판매하는 기업은 해외 시장에서 고객이 전문성을 갖춘 접근 가능한 인력을 기대하기 때문에 주로 **직접 영업 조직(direct sales force)**을 사용하는 경향이 있다.

2) 라이센싱과 프랜차이징

214. 라이센싱은 기업이 해외 시장에 독립적인 운영을 구축할 자원이 부족할 때 유용한 시장 진입 방식이다(Licensing is a useful form of market entry when companies lack the resources to establish independent operations in foreign markets). [맞음]

215. 시장 진입 전략으로서 라이센싱의 장점에는 다음 중 **특허에 대한 완전한 통제권(complete control of the patent)**을 제외한 모든 것이 포함된다.

216. 프랜차이징(franchising)은 기업이 현지 소유권을 통해 해외 시장에 진입할 수 있도록 해준다.

217. 프랜차이지(franchisee)는 자신의 사업 운영에 있어 많은 통제권(great deal of control)을 가진다. [틀림] ☞ 더 큰 통제력을 갖는 건 프랜차이지가 아니라 프랜차이저(franchisor)이다.

218. 다음 중 시장 진입 전략으로서 프랜차이징의 장점이 아닌 것은 **제품의 일관성과 법적 요구사항 완화(product consistency and easing of legal requirements)**이다.

3) 전략적 제휴

219. 항공(airline) 산업은 전략적 제휴의 힘을 가장 잘 보여준다.

220. Herbie는 최근 일본의 Crane Airways, 독일의 Kestrel Airlines, 호주의 Heron Air, 인도의 Egret Airways가 코드 셰어링 파트너십을 맺고 있어 승객이 각 항공사를 자유롭게 이용하고, 마일리지를 공유하며, 물류 지원을 제공한다는 기사를 읽었다. Herbie는 글로벌 마케팅 수업에서 이 협약이 **전략적 제휴(strategic alliance)**라고 배운 바 있다.

4) 조인트 벤처

221. Arthur's Auto Parts Inc.는 러시아 시장에 진출하고자 한다. 러시아 법은 외국 기업이 자국 내 회사의 과반수 지분을 소유하는 것을 금지한다. Arthur's에게 가장 적절한 진입 방식은 **조인트 벤처(joint venture)**일 것이다.

5) 해외 직접 투자

222. 해외 직접 투자는 장기적으로 가장 큰 영향(greatest long-term implications)을 미치는 시장 진입 전략이다. [맞음]

223. 내비게이션 시스템 회사인 NaviCal Inc.는 말레이시아의 한 업체와 5년간 제조 계약을 체결했다. NaviCal은 재무 성과가 매우 좋았고, 제조 시설을 인수하고자 한다. 이 시장 진입 방식은 **해외 직접 투자(direct foreign investment)**라고 불린다.

224. 많은 국가에서 미국보다 어린이 대상 마케팅을 더 엄격하게 규제한다. 해외 직접 투자를 고려 중인 기업은 이 사실을 **마케팅 커뮤니케이션 장벽(marketing communication barriers)**이라는 항목 하에 보고할 것이다.

225. 2000년대 동안 일본 엔화의 가치는 미국 달러에 비해 크게 변동하였다. 직접 해외 투자를 고려 중인 기업은 이 사실을 **거래 비용(transaction costs)**이라는 항목 하에 보고할 것이다.

글로벌 조직 구조

226. 전세계적으로 운영되는 기업에서 사용하는 주요 조직 형태는 **분권형, 중앙집중형, 지역형(decentralized, centralized, and regionalized)**이다.

227. 현지 정부와의 관계가 국제적인 운영의 성공에 결정적인 경우, 가장 적절한 조직 구조는 **지리적 지역(geographic regions)**이다.

228. 조직 구조의 맥락에서 오늘날 대부분의 기업은 지역 자율성을 장려하면서도 세계 주요 지역에서 제품 역량을 구축할 수 있도록 하는 **매트릭스(matrix)** 구조를 사용한다.

글로벌 제품 전략

229. 직접 제품 확장(direct product extension)의 장점에는 **추가적인 연구개발 또는 제조 비용이 필요 없다는 점**(no additional R&D or manufacturing costs)이 포함된다.

230. 코카콜라는 현지 시장의 기호에 맞추어 청량음료의 맛을 바꾼다. 이것은 **제품 적응**(product adaptation)의 사례이다.

231. 제품 적응(product adaptation)은 기존 제품을 현지의 니즈와 법적 요구사항에 맞도록 변경하는 것으로, 지역 수준부터 도시 수준의 차이까지(from regional levels all the way down to city-level differences) 다양할 수 있다. [맞음]

232. Bistrone 옥수수 캔 수프는 일본 시장을 위해 Coca-Cola Japan이 특별히 만든 제품이다. 이것은 **제품 발명**(product invention)의 사례이다.

233. 때때로 한 시장에서 단종된 오래된 제품이 새로운 시장에서 다시 출시될 수 있는데, 이러한 프로세스를 역방향 발명(backward invention)이라고 한다. [맞음]

234. 유럽이나 아시아에서 사용되다 단종된 구형 휴대전화가 더 최신 모델이 없는 라틴아메리카 시장에 출시되었다. 이것은 **역방향 발명(backward invention)**의 사례이다.

235. 특정 소비자 트렌드(specific consumer trends)를 알아내고자 하는 맥락에서, **제조(manufacturing)**는 인터내셔널 소비자 마케터에게 제품 이슈가 아니다.

글로벌 소비자의 제품 이슈

236. Coca-Cola는 일본에 Diet Coke라는 신제품을 출시했지만, 일본 여성들이 '다이어트'라는 단어를 '약함'이라는 부정적인 연상과 연관 지었기 때문에 초기에는 판매가 저조했다. 그러나 제품명을 Coke Light로 바꾸자 효과가 있었다. 이 사례에서 Diet Coke의 판매에 영향을 준 제품 이슈는 **제품을 문화에 맞추기(fitting the product to the culture)**이다.

237. Mr. Coffee는 일본 가정의 부엌에 잘 맞는 커피메이커를 출시할 때 일본 문화를 잘 이해하고 있었다. **[틀림]** ☞ 일본 문화를 제대로 이해하지 못해서, 일본 가정의 부엌에 잘 맞는 커피메이커를 출시하지 못해 실패했다.

238. Ford Motor Co.는 Nova라는 이름의 자동차를 멕시코에 출시했다. 그러나 스페인어로 "Nova"가 "가지 않는다"는 의미여서 판매에 어려움을 겪었다. 이것은 **제품을 문화에 맞추기(fitting the product to the culture)**와 관련된 문제를 보여준다.

239. Nestlé는 전 세계적으로 현지 브랜딩 전략(local branding strategy)을 채택한 반면, Coca-Cola와 Kellogg 같은 다른 기업은 글로벌 브랜딩 전략(global branding strategy)을 사용한다. **[맞음]**

240. 원산지 효과(country-of-origin effect)는 항상 고객 지각(perception) 내에서 긍정적이다. **[틀림]** 원산지 효과는 긍정적으로 또는 부정적으로 작용할 수 있다.

241. 전 세계 사람들은 다른 나라에서 제조된 시계보다 스위스 시계를 더 선호한다. 제품 이슈의 맥락에서, 다음 중 고객의 지각(perception)을 가장 잘 설명하는 것은 **원산지 효과(country-of-origin effect)**이다.

242. Steve는 가장 친한 친구에게 초콜릿 상자를 선물하고 싶어 한다. 그는 가게에 들어가 벨기에산 초콜릿을 산다. 왜냐하면 친구가 그것이 세계 최고라고 말한 적이 있기 때문이다. 이것은 소비자가 **원산지 효과(country-of-origin effect)**에 반응하는 방식을 보여주는 사례이다.

글로벌 채널 전략

243. 유통 채널 파트너를 선택할 때, 기업은 6C라고 불리는 채널 전략의 6가지 전략적 목표인 비용, 자본, 통제, 범위, 특성, 지속성(cost, capital, control, coverage, character, and continuity)을 고려해야 한다. [맞음]

244. 다음 중 불필요한 중간 유통업체를 제거하여 현지 유통 시스템의 효율성을 높이는 데 도움이 되는 채널 전략은 **비용(cost)**이다.

245. 대부분의 글로벌 마케터는 해외 시장에서 현지 유통 네트워크에 의존한다. 이는 해외 시장에서 자체 유통망을 구축하는 것이 매우 비용이 많이 들기 때문이다. 이 이슈는 **통제(control)**의 채널 전략에서 확인할 수 있다.

246. 시장 채널의 맥락에서, 타겟 고객에게 도달하기 위해 현지 유통 네트워크를 사용하는 것은 **범위(coverage)**라는 채널 요소에서 확인할 수 있다.

247. 채널 전략의 전략적 목표인 '범위(coverage)'는 글로벌 시장 유통 시스템의 비용(cost)이 얼마나 드는지를 의미한다. [틀림] ☞ 범위는 비용이 아니라 제품의 도달(reach)과 관련된다.

248. 기업의 철학을 잠재적 채널 파트너의 철학과 일치시키는 것은 **성격(character)**이라는 채널 전략에서 확인할 수 있다.

249. 유통 채널에서 잘 확립된(확고하게 자리 잡은) 유통업체는 종종 경쟁업체와(이미) 관계를 맺고 있다. 시장 채널의 맥락에서, 이러한 이슈와 관련된 채널 전략은 **지속성(continuity)**이다.

글로벌 커뮤니케이션 전략

250. 글로벌 시장 광고 접근법 중, 여러 마케팅 메시지를 중심으로 각각 다른 광고를 제작하고, 현지 마케터가 해당 시장 상황에 가장 적합한 광고를 선택하는 방식은 "현지 콘텐츠가 포함된 글로벌 마케팅(global marketing with local content)"이라고 한다. [틀림] ☞ 이러한 광고 제작 방법은 "글로벌 광고 테마들로 만든 바구니(basket of global advertising themes)"이다

251. Jason은 자동차를 사기 위해 자동차 대리점에 갔고, 옵션에 대해 직원과 두 시간 동안 이야기했다. 이는 마케팅 커뮤니케이션의 요소 중 **인적 판매(personal selling)**라고 부른다.

252. PepsiCo와 Coca-Cola는 라틴 아메리카의 시골 지역에서 이동식 카니발을 후원하여 제품 체험을 장려한다. 마케팅 커뮤니케이션의 이 요소는 **판매 촉진(sales promotion)**이라고 한다.

253. 위기를 처리하고 뉴스 기관(언론사)에 회사의 입장을 전달하는 업무는 마케팅 커뮤니케이션의 요소 중 **PR(public relations)**에 속한다.

글로벌 프라이싱 전략

254. Delxen Inc.는 다국적 기업으로, 전 세계 제품에 동일한 가격을 적용한다. 이러한 유형의 가격 책정은 **전세계 단일 가격(one world price)**이라고 한다.

255. Farah's Fabrics Inc.는 원가에 마크업(markup)을 더하여 글로벌 시장에서 제품 가격을 책정한다. 이는 **원가 기반 프라이싱(cost-based pricing)**이라고 한다. [맞음]

256. 제품 가격은 운송비, 세금, 관세, 환율 변동 등의 이유로 해외에서 본국보다 더 비싸지는 경우가 많다. 이러한 본국과 해외 간의 가격 변동을 **가격 상승(price escalation)**이라고 한다.

257. 실제 원가보다 낮거나 본국에서 책정한 가격보다 낮은 가격을 매기는 것을 **덤핑(dumping)**이라고 한다.

258. 유통업자가 제조업체의 허가 없이 싸게 팔리는 시장에서 제품을 구매한 후 비싸게 팔리는 시장에서 판매하는 행위를 **회색 시장 유통(gray market distribution)**이라고 한다.

마케팅 윤리

259. 마케팅 윤리(marketing ethics)는 마케팅 매니저가 전략 수립, 실행, 그리고 통제를 감독함에 있어 기대되는 올바르고 공정한 관행에 대한 사회적 및 직업적(전문적) 표준을 말한다.

260. 윤리적인 비즈니스 관행(ethical business practices)을 실천하는 것은 일반적으로 마케팅 전략과 실행에 거의 영향을 미치지 않는다. **[틀림]** ☞ 윤리적인 비즈니스 운영은 마케팅에 직접적이고 실질적인 영향을 준다.

261. 가치(value)는 제품이나 서비스와 관련된 순혜택(net benefits) 또는 비용(costs)을 의미하며, 구매자가 기업이 약속을 지킬 것이라는 신뢰에 의해 영향을 받는다.

262. 제품 전략과 관련된 윤리적 이슈(ethical issues)는 어떤 시장을 타겟으로 삼을지(what markets should be targeted)를 결정하는 것에서 시작된다. **[맞음]**

263. Perdue는 자사 닭고기 제품 중 하나에 박테리아가 오염되었을 가능성을 발견하고, 해당 제품을 진열대에서 철수시키고 리콜을 실시했다. 이 잠재적인 윤리적 이슈는 마케팅 믹스 중 **제품(product)**과 관련이 있다.

264. Latosha는 모스크바행 저렴한 항공권을 발견하고 매우 기뻐했지만, 구매 후 수백 달러의 추가 요금이 있다는 사실을 알고 실망했다. 이는 마케팅 믹스 중 **가격(price)** 요소가 영향을 받은 것이다.

265. 마케팅 분야 중 윤리적 도전이 가장 많이 발생하는 영역은 **마케팅 커뮤니케이션(marketing communication)**이다.

266. 미국마케팅협회(AMA)의 윤리 강령은 여섯 가지 주요 윤리적 가치에 대해 언급하고 있다: 정직, 책임, 공정, 존중, 투명성, 그리고 **시민의식(citizenship)**.

지속가능성과 TBL

267. 지속 가능성(sustainability) 개념은 장기적으로 비즈니스 성공과 사회적 성공의 균형을 추구하는(to balance business success and societal success over the long term) 모든 비즈니스 관행을 포함한다. [맞음]

268. 지속 가능성(sustainability)은 미래 세대를 해치지 않으면서(without harming future generations) 인류의 니즈를 충족하는(meet humanity's needs) 비즈니스 관행을 의미한다. [맞음]

269. 1930년대, 기업과 소비자들은 자원을 효율적이고 효과적으로 사용하는 것이 사회에 좋을 뿐 아니라 기업에도 이롭다는 사실을 깨닫기 시작했다. 이는 **그린(green)**운동으로 발전했다.

270. 본문은 TBL(triple bottom line) 지표에 대해 설명하면서, 마케팅 관리에서 TBL의 영향을 고려하는 접근 방식을 나타낸다. 여기에는 사람(people), 지구(planet), 그리고 **수익(profit)**이 포함된다.

271. 트리플 버텀라인 지표(triple bottom line metric)는 회사의 재무 결과를 측정하는 데 사용되지만, 형평성, 경제적 또는 환경적 고려사항(equity, economic, or environmental considerations)은 고려하지 않는다. [틀림] ☞ 형평성, 경제적, 환경적 고려사항 모두 고려한다.

272. 스타벅스는 사회적으로 책임 있고(socially responsible) 환경적으로 안전한(environmentally safe) "윤리적으로 조달된(ethically sourced)" 커피를 개발하는 데 성공했다. 이는 트리플 버텀라인(TBL) 중 **지구(planet)** 요소에 해당한다.

Domain 3.
MANAGING INFORMATION FOR MARKETING INSIGHTS

마케팅 통찰을 위한 정보의 관리

시장정보시스템

273. 마케팅 의사결정자(marketing decision makers)에게 중요한 데이터(critical data)를 알아내고, 수집하고, 분석하고, 축적하고, 제공하는(identifying, collecting, analyzing, accumulating, and dispensing) 지속적인 프로세스를 **시장 정보 시스템(market information system)**이라고 한다.

274. 시장 정보 시스템(market information system: MIS)은 의사결정자가 중요한 정보에 대처하기 위해 기업이 구입하는 소프트웨어 패키지이다. **[틀림]** ☞ MIS는 단지 소프트웨어나 앱 수준이 아니다. 정보를 관리하기 위한 전반적인 프로세스이다.

275. 시장 정보 시스템은 필요한 때까지 중요한 데이터가 저장되는 정보 은행(information bank) 역할을 한다. **[맞음]**

276. 내부 및 외부 정보 출처(internal and external information sources)를 평가할 때, 기업은 어떤 정보가 중요한지만이 아니라 그 데이터의 출처(source of the data)도 고려해야 한다. **[맞음]**

277. 다음 중 시장 정보 시스템을 만들 때 기업이 고려해야 할 세 가지 요소 중 하나는 **정보 니즈(information needs)**이다.

278. 모든 마케팅 매니저들의 정보 니즈(information needs)는 본질적으로 동일하다(essentially the same). **[틀림]** ☞ 마케팅 업무를 하는 다양한 기능의 매니저들은 각기 다른 정보 니즈를 가질 수 있다.

정보의 내부 소스

279. 오늘날 대부분의 매니저들이 겪는 주요 문제는 정보가 너무 적다(too little information)는 것이다. **[틀림]** ☞ 정보가 너무 많다는 것이 문제이다.

280. 매니저들은 일반적으로 자신이 속한 회사의 모든 정보(all the information in their own company)를 알고 있다. **[틀림]** ☞ 사내의 정보를 모두 안다는 것은 불가능하다.

281. 대부분의 기업은 기존 정보를 최대한 잘 활용한다(do a good job of maximizing their existing information). **[틀림]** ☞ 자사 웹사이트에서 나오는 정보 같은 매우 기본적인 소스로부터 매우 유용한 통찰을 얻을 수 있음에도 많은 기업들이 기존 정보 활용을 잘 하지 않는 경우가 많다.

282. 다음 중 마케팅 의사결정(making marketing decisions)을 위한 정보 수집의 내부 출처(internal source of collecting information)인 것은 **고객 주문(customer orders)**이다.

283. 영업사원이 각 세일즈 콜(sales call)을 요약한 보고서는 내부 데이터(internal data)의 출처이다. **[맞음]**

정보의 외부 소스

284. 한 회사의 영업 매니저가 정보를 파악하기 위해 거시 환경으로부터 데이터를 지속적으로 수집, 분석, 저장하고 있다. 이는 **마케팅 인텔리전스(marketing intelligence)** 개념을 보여준다.

1) 인구통계

285. 기업은 인구통계 데이터(demographic data)를 사용하여 현재 고객의 프로파일(profiles of current customers)을 만들고 새로운 시장 기회(new market opportunities)를 알아낼 수 있다.

286. 인구통계 변화를 추적하고 대응하지 않는 것(not tracking and responding to demographic changes)은 경영 실패(management failure)이다. 왜냐하면 이러한 데이터는 얻기 쉽고 주요 변화는 천천히 일어나기 때문이다. [맞음]

287. Ned's Bar and Grill의 마케팅 매니저는 전형적인 고객이 대학생 남성이라는 것을 알아차렸다. 외부 정보 출처 맥락에서 그는 자신의 시장을 정의하기 위해 **인구통계(demographics)**를 사용하고 있다.

288. 다음 중 마케팅 의사결정을 위한 정보 수집의 외부 출처는 **인종 집단(ethnic groups)**이다.

289. Big Wheel Autos의 마케팅 매니저 Jan Smith는 유럽 여러 국가에서 인구가 도시 중심으로 이동하고 있다는 사실을 알아차렸다. 이로 인해 복잡한 도로를 쉽게 주행할 수 있는 소형차에 대한 수요가 증가했다. 외부 정보 출처(external information sources)라는 맥락에서 이는 **지리적 변화(geographic changes)**가 마케팅 관리 결정(marketing management decisions)에 어떻게 영향을 미칠 수 있는지를 보여준다.

2) 경제

290. 한 신발 제조 회사가 새로운 국가에서 제품을 판매하려 한다. 진입 전에, 해당 국가 시민들이 어떻게 우선순위를 정하고 구매 결정을 내리는지에 대한 정보를 수집하고자 한다. 이를 위해 회사는 해당 국가의 **경제 상황(economic conditions)**을 분석할 것이다.

291. 소비자물가지수, 국내총생산, 인플레이션 등 경제 지표의 최근 부정적 추세에 대해 우려하여 Kevin's Kayaks의 마케팅 매니저는 광고 지출을 줄일 것을 권고했다. 그의 권고는 **거시경제(macroeconomic)** 데이터에 기반한 것이다.

3) 기술

292. 소형 휴대용 컴퓨터, 강력한 통계 소프트웨어, 인터넷 기반 공급망 관리 시스템(internet-enabled supply chain management systems)은 모두 **기술(technology)**이 마케팅에 어떻게 영향을 미치는지를 보여주는 사례이다.

4) 자연환경

293. Big Wheel Motors의 마케팅 매니저는 화석 연료 사용을 줄이고 오염을 덜 배출하는 "친환경" 자동차에 대한 수요가 증가하고 있음을 알아차렸다. 이는 외부 정보 출처 중 **자연 환경(natural world)**에 해당한다.

5) 정치적 / 법적

294. Dream Weaver Textiles의 마케팅 매니저는 연방거래위원회(federal trade commission)가 "천연(natural)" 섬유라고 주장할 수 있는 직물의 성분 레이블 표기 요건을 개정 중이라는 기사를 업계 잡지에서 읽었다. 외부 요인(external forces)이 마케팅 결정에 영향을 미치는 맥락에서 이는 **정치적/법적 환경(political/legal environment)**에 해당한다.

6) 경쟁

295. 음식 서비스 산업에는 유사한 식사, 가격, 서비스를 제공하는 많은 레스토랑들이 있기 때문에, Gourmet Dining의 마케팅 매니저는 경쟁 업체들의 동향을 면밀히 주시한다. 이는 외부 요인(external forces) 중 **경쟁(competition)**에 초점을 맞추는 것이다.

시장 리서치

296. 시장 리서치(market research)는 마케팅 문제를 발견하고 해결하거나 올바른 의사결정을 향상시키기 위해 데이터를 체계적으로 알아내고, 수집하고, 분석하고, 배포하는(identification, collection, analysis, and distribution) 프로세스이다.

297. 시장 리서치(market research)는 고위 경영자가 진짜 문제가 무엇인지 알아내고 다루는 데(해결하는 데) 도움이 되는 유용한 도구가 될 수 있다. [맞음]

298. Apple과 같은 기술 기업은 제품 사용자의 니즈(product users' needs) 뿐만 아니라 경쟁사를 이해하기(understand the competition) 위해 시장 리서치를 활용한다. [맞음]

299. 좋은 시장 리서치(good market research)는 **치우치지 않는다(be impartial)**.

300. Brand A Razors의 마케팅 매니저는 고객이 새로운 제품에 어떻게 반응할지 이미 알고 있다고 믿고, 이를 정당화하기 위해 시장 리서치를 수행했다. 이는 고품질의 시장 리서치로 간주될 수 없다. 왜냐하면 이 리서치는 **공평하지도 않고 객관적이지도 않기 때문이다(is not impartial and objective)**.

301. 좋은 마케팅 리서치(good marketing research)는 미리 정해진 결과에 맞을 답을 도출하려 한다(to develop answers to fit a predecided outcome). **[틀림]** ☞ : 미리 정해진 결과에 맞는 도출하는 리서치는, 좋은 마케팅 리서치의 3대 조건 중 "치우치지 않고 객관적이다 " 라는 특징에 위배된다.

시장 리서치 프로세스

302. 다음 중 시장 리서치 프로세스에 속하지 않는 것은 **권고 사항의 실행**(implementing the recommendations)이다.

1) 리서치 문제 정의

303. 마케팅 리서치 프로세스에서 경영진이 원하는 리서치 결과물(무엇이 알고 싶은가를 정의한 것)이 확인된 후 다음 단계는 **리서치 문제 정의**(define the research problem)이다.

304. Apex Jerseys라는 스포츠 의류 및 장비 제조회사는 지난 분기 동안 매출이 급감하였다. 마케팅 매니저는 이 문제를 마케팅 리서치 부서(marketing research department)에 요청하였다. 이 경우 리서치 부서가 가장 먼저 해야 할 일은 **구체적인 리서치 문제 도출**(formulate a specific research problem)이다.

2) 리서치 설계

305. B&B Co.는 새로운 음료 제품이 성공할 수 있을지를 파악하고자 마케팅 리서치를 진행하고 있다. 리서치 유형, 필요한 정보, 리서치 대상자를 포함한 샘플링 계획을 수립 중이다. B&B는 마케팅 리서치 프로세스 중 **리서치 설계 수립**(establishing the research design) 단계에 있는 것이다.

A. 리서치 유형(탐색적, 인과적, 서술적)

306. 탐색적 리서치를 수행하는 이유는 **리서치 질문에 대해 답하는 것**(answering the research question)을 포함한다.

307. 내셔널 브랜드인 Brand X 기저귀의 최근 4개월간 매출이 감소하였다. 마케팅 부서는 그 이유를 리서치하기 위해 리서치를 의뢰하였다. 가장 적절한 리서치 유형은 **탐색적 리서치**(exploratory research)이다.

308. 다음 중 서술적 리서치에 대한 설명으로 옳은 것은 **2차 자료, 서베이, 관찰 등 다양한 방법을 사용한다**(it uses many different methods including secondary data, surveys, and observation)는 것이다.

309. 인과적 리서치(causal research)는 타겟 시장 특성을 파악하거나 고객의 제품 사용 방법을 파악하는 데 유용하다. **[틀림]** ☞ 무언가의 특징, 현황, 분포 등을 파악하기 위한 리서치는 서술적 리서치이다.

310. Sam's Swings이라는 개인사업자는 현재 고객의 인구통계 및 라이프스타일 특성을 파악하여 더 잘 대응하고자 한다. 이 경우 적절한 리서치 유형은 **서술적**(descriptive)이다.

311. Tyrell's Tattoo Shop의 소유주는 고객의 직업과 문신 개수 간의 관계를 알아보고자 한다. 이 경우 가장 적절한 리서치 유형은 **서술적**(descriptive) 리서치이다.

312. 인과적 리서치(causal research)는 변수 간 원인과 결과(the cause and effect between variables)를 밝히려 한다. [맞음]

313. 한 레스토랑의 마케팅 매니저는 음식 가격 인하가 매출 증가로 이어지는지를 알고자 한다. 가장 적절한 리서치 유형은 **인과적(causal)**이다.

314. Yaard-Vark Lawn Tractors의 마케팅 매니저 Sheena는 잔디깎이 가격과 판매량 간의 관계를 알고자 한다. 이 경우 적절한 리서치 유형은 **인과적(causal)**이다.

B. 데이터의 본질(1차 vs. 2차 / 정성 vs. 정량)

315. 1차 데이터는 현재의 리서치 질문을 위해 특별히 수집된 것이다(primary data are collected specifically for the research question at hand). [맞음]

316. Brand Electronics의 마케팅 매니저는 휴대용 컴퓨터의 일반 소비자에 대한 정보를 알고자 한다. 하지만 제품이 너무 새로워 2차 자료가 부족하다. 이 경우 필요한 것은 **1차 데이터(primary data)** 데이터이다.

317. 2차 데이터(secondary data)는 현재 고려 중인 문제가 아닌 다른 목적으로(for some other purpose than the problem currently being considered) 수집된 것이다. [맞음]

318. 대부분의 리서치는 거의 항상 2차 데이터 수집(secondary data collection)을 포함한다. [맞음]

319. Burger Bistro는 식당 중 하나에서 살모넬라균이 발견되어 햄버거 판매가 감소했다. 마케팅 매니저는 유사 사례에서 다른 식당들이 어떻게 대처했는지를 알아보고자 한다. 이 경우 가장 적절한 자료는 **2차 데이터(secondary)**이다.

320. Guzzle Beverages의 마케팅 매니저는 새로운 광고 캠페인을 고려하고 있다. 유사한 캠페인을 진행한 Cruncheez Snack Foods의 스캐너 데이터를 구입하여 효과를 분석하고자 한다. 이 경우 마케팅 매니저는 **2차 데이터(secondary data)** 데이터를 사용하는 것이다.

321. 다음 중 2차 데이터의 장점으로 가장 적절한 것은 **2차 데이터는 정보를 빠르게 얻을 수 있는 방법이다(secondary data are a fast way to get information)**는 것이다.

322. 2차 데이터가 1차 데이터보다 가지는 장점은 **비용이 덜 든다(are less expensive)**는 것이다.

323. 다음 중 2차 데이터에 대한 설명으로 옳은 문장은 **2차 데이터는 리서치 문제에 정확히 부합하지 않을 수 있다**(secondary data will not fit the research problem exactly).

324. 한 시장 리서치 회사의 고객 계정 매니저가 에너지 음료에 대한 소비자 선호도를 파악하기 위해 2차 리서치를 수행하고 있다. 클라이언트의 음료는 100% 유기농이지만, 그가 찾은 모든 2차 데이터는 대부분 인공 성분이 포함된 음료에 대한 것이다. 이 시나리오는 2차 데이터가 **리서치 문제에 정확히 부합하지 않을 수 있다**(will not fit the research problem exactly)라는 사실을 보여준다.

325. Joe's Pool Hall의 사장은 바 및 나이트클럽의 부대서비스(amenities)에 대한 소비자 반응을 측정한 2차 데이터를 온라인에서 찾았다. 하지만 이 데이터가 어떻게 수집되었고 누구에게서 수집되었는지에 대해 걱정하고 있다. 이는 2차 데이터의 **타당성(validity)**에 대한 우려를 나타낸다.

326. Brand Z Shoes의 마케팅 매니저들은 "판촉 지출을 늘리면 매출이 몇 퍼센트 증가할 것인가?"라는 리서치 문제(research problem)를 명확히 정의했다. 이 질문에 답하기 위해 1차 데이터(primary data)가 필요하다고 판단했다. 이 데이터를 수집하기 위한 가장 적절한 연구 방식은 **정량적(quantitative) 리서치**이다.

327. 다음 중 구조화 정도가 낮고(less structured), 서베이(surveys)나 인터뷰와 같은 방법을 사용하여 데이터를 수집할 수 있는 리서치 유형은 **정성적(qualitative) 리서치**이다.

C. 데이터의 수집 방법(서베이 / FG / 심층 인터뷰 / 행동 데이터 / 관찰 데이터)

328. Vegan Videos는 자사의 마케팅 관련 리서치 문제(marketing-related research problem)를 명확히 하기 위해 탐색적 리서치(exploratory research)를 수행하기로 했다. 이 회사는 정성적 연구(qualitative research)를 사용해 1차 데이터(primary data)를 수집해야 하며, 한 명의 조사자가 단 10명의 고객으로부터 데이터를 수집해야 한다. 이 경우, Vegan Videos가 사용할 가장 적절한 방법은 **포커스 그룹(focus group)**이다.

329. 심층 인터뷰(in-depth interview)는 무작위로 선정된 개인과의 구조화된 대화(structured conversation)를 의미한다. **[틀림]** ☞ 심층 인터뷰는 한 사람을 대상으로 조사자가 1:1로 진행하는 자유로운 형식의 대화를 통해 그 사람의 생각, 감정, 동기를 깊이 있게 알아보는 리서치 방법이다. 유연성을 높이기 위해 구조화된 질문지를 사용하지 않는다.

330. Joe's Shoe-Mart의 마케팅 매니저는 1차 데이터(primary data)를 사용한 서술적 리서치(descriptive research)를 수행하기로 결정했다. 업계 저널과 고객과의 인터뷰를 통한 사전 리서치(preliminary research)에 근거하여 어떤 질문을 할지에 대해 이미 알고 있다. 그러나 그녀가 정보를 얻고자 하는 고객들은 여러 주에 걸쳐 다양한 매장에 퍼져 있다. 이 데이터를 수집하기 위한 가장 좋은 방법은 **서베이(surveys)**이다.

331. Low Cost Retailer의 마케팅 매니저는 고객이 어떤 제품을 언제, 얼마나 자주 구매하는지에 대한 정보를 수집하기 위해 서술적 리서치(descriptive research)를 수행하고자 한다. 이 목적을 위해, 마케팅 매니저는 **행동 데이터(behavioral data)**를 사용해야 한다.

332. Gina's Groceries 매니저는 고객이 새 디스플레이에 어떻게 반응하는지 확인하고자 했다. 이를 위해 직원들을 디스플레이가 보이는 곳에 배치하여 고객이 얼마나 오래 바라보는지, 물건을 집는지, 구매하는지를 기록하게 했다. 이 경우, 그녀는 시장 리서치를 위해 **관찰 데이터(observational data)**를 사용하고 있다.

333. Core Market Research는 Go Fast 스포츠카의 광고 캠페인에 대한 고객 반응을 테스트하고 있다. 연구원들은 소비자들이 일련의 광고를 보는 동안 fMRI 장치를 이용해 뇌의 각 부위의 혈류를 모니터링하고 있다. 이 경우, Core는 마케팅 리서치에 **기계 장치(mechanical devices)**를 사용하고 있다.

D. 정보 콘텐츠(주관식 또는 객관식 질문 / 서베이 질문을 만드는 구체적인 과정)

334. ABC 리서치 그룹의 연구원 Juan Martinez는 고객을 위한 설문을 작성하고 있다. 그는 질문의 구성, 응답 선택지 선택, 문구 다듬기, 질문 개수 결정(framing the questions, selecting response choices, refining the wording, and determining how many questions to ask)에 집중하고 있다. Juan은 리서치 설계(research design) 업무 중에서 **정보 콘텐츠(information content)**에 집중하고 있다.

335. 개방형 질문(open-ended questions)은 응답자가 자유롭게 의견을 표현할 수 있게 하며, 이는 탐색적 리서치(exploratory research)에 유용한 보다 자세한 응답으로 이어지는 경향이 있다. [맞음]

336. Dan은 회사를 위한 설문(survey)을 작성하고 있다. 지금 만들고 있는 질문은 기업 고객에게 이상적인 구매 거래에 대해 묘사하도록 요청한다. Dan은 **개방형(open-ended)** 질문을 사용하고 있다.

337. Brand X 은행의 마케팅 디렉터는 고객 만족도 리서치(customer satisfaction survey)를 위해, 고객이 1~7 사이의 숫자를 동그라미로 표시하도록 질문 세트를 만들었다. 1은 매우 불만족, 7은 매우 만족을 의미한다. 이 경우 디렉터는 정보를 수집하기 위해 **폐쇄형(closed-ended)** 질문을 사용하고 있다.

E. 샘플링 플랜(확률 샘플링 / 비확률 샘플링)

338. 한 회사의 마케팅 매니저는 시장 리서치팀(market research team)을 고용했다. 매니저와 리서치 담당자는 특정 인구통계 및 라이프스타일 프로파일에 부합하는 현재 및 잠재 고객으로부터 데이터를 수집하기로 결정했다. 리서치 설계 활동(research design activities)의 맥락에서 이들을 데이터 수집 대상자로 선정하는 것은 **샘플링 플랜(sampling plan)**에 해당한다.

339. 샘플링 플랜(sampling plan)의 맥락에서, 관심 대상 집단(population of interest)에 속한 모든 개인에 대한 포괄적인 기록(comprehensive record)을 **센서스(census)**라 부른다.

340. 확률(probability) 샘플링은 모집단(population)으로부터(리서치에) 포함시킬 대상자를 정하기 위해 특정한(정해진) 절차 집합(specific set of procedures)을 사용하는 방법이다.

341. Bank Y의 마케팅 이사는 서비스와 고객 만족도를 개선할 수 있는 방안을 알아보기 위해 현재 고객 5,000명을 대상으로 서베이(survey)를 하기로 한다. 그녀는 50,000명의 고객 데이터베이스에서 무작위로 한 명을 골라 시작한 후, 목록을 따라 내려가며 10번째 사람마다 설문을 보낸다. 그녀는 참가자(participants)를 선택하기 위해 **확률 샘플링(probability sampling)** 방법을 사용한다.

342. Big Brand Clothing의 매니저는 이번 크리스마스에 소비자들이 어떤 상품을 찾고 있는지 파악하여 주문을 계획하고자 한다. 그는 이를 위해 특정 토요일에 매장 밖에 직원을 배치하고, 지나가는 쇼핑객 중 응할 의사가 있는 사람들에게 질문 목록(list of questions)을 가지고 데이터를 수집하기로 결정한다. 이 경우, 매니저는 응답자(respondents)를 선정하기 위해 **비확률 샘플링(nonprobability sampling)** 방법을 사용하고 있는 것이다.

3) 2차 자료 탐색

343. Big Wheel Automotive의 CEO는 매출 감소에 대해 걱정하고 있다. 그는 경쟁사가 고객을 빼앗아가고 있다는 문제를 확인하고, J.D Power의 자동차 순위 자료에 접근해 소비자 구매 변화(shift in consumer purchasing)의 원인을 알아본다. 이 경우 그는 **시장 리서치 기관(market research organization)**을 이용하여 2차 데이터(secondary data)를 수집하는 것이다.

344. 새로운 제품을 도입하려는 경제 상황의 영향을 연구하는 프로세스에서, Bloomberg Business Week 온라인 기사에서 인플레이션 시기 신제품의 성과를 다룬 내용을 찾았다. 이 경우 2차 데이터(secondary data) 출처 중 **일반 지식 사이트(general knowledge sites)**에 해당한다.

4) 데이터 수집

345. Brand K 리테일의 마케팅 매니저는 개선이 필요한 현재 제품에 대한 고객 의견을 얻기 위해 1차 데이터(primary data)를 수집하고 있다. 그녀는 확률 샘플링(probability sampling) 방식을 사용하고 있으나, 고객 접촉과 응답 기록 방식(how to contact customers and get them to participate)에 대해 고민하고 있다. 그녀가 현재 고민 중인 마케팅 리서치 프로세스(market research process) 단계는 **데이터 수집(data collection)**이다.

5) 데이터 분석

346. 마케팅 리서치(market research)에서 데이터가 수집되고, 코딩되고, 검증되면(once the data are collected, coded, and verified), 그 다음 단계는 **정보 분석(analyze the information)**이다.

6) 발견 사항 보고

347. 매니저에게 마케팅 리서치 보고서(market research report)의 핵심 섹션(key section)은 분석 및 발견된 주요 사항(essential findings)에 대한 요약을 제시하는 부분이다. 이 섹션은 **경영진을 위한 요약(executive summary)**이다.

시장 리서치 테크놀로지

348. Big Brand Furniture의 마케팅 매니저 Mark Jones는 내부 판매 데이터(internal sales data)를 분석 중이다. 이 데이터는 각 매장에서 전자적으로 저장되며, 본사에서 컴퓨터를 통해 접근할 수 있다. 그는 이 정보를 **온라인 데이터베이스(online database)**를 통해 얻는다.

349. 자동차 애프터마켓 전문업체의 매니저는 업계의 미래와 경쟁사에 대한 2차 데이터(secondary data)를 수집하려 한다. 그는 업계 리서치 보고서(industry research reports)와 경쟁사 분석 자료(company analysis of his competitors)를 찾고자 한다. 이 경우 가장 적절한 출처는 **독립적 온라인 데이터베이스(independent online databases)**이다.

350. 온라인(가상) 포커스 그룹(online(virtual) focus group)을 실시하는 것은 기존의 포커스 그룹 형식에 적절한 대안이며, 비용 효율성과 편의성(cost-efficiency and convenience)을 제공한다. [맞음]

351. National Household Cleaner Co.의 마케팅 매니저로서, 당신은 소비자들이 당신의 제품에서 원하는 결과에 대해 정성적 1차 데이터(qualitative primary data)를 수집하고자 한다. 당신은 리서치 대상이 되는 소비자들이 서로의 아이디어에 반응하길 원한다. 그러나 전국 각지의 다양한 고객들로부터 정보를 얻고 싶다. 이를 달성할 가장 좋은 방법은 **온라인 포커스 그룹(online focus group)**을 이용하는 것이다.

352. 온라인 포커스 그룹(online focus groups)의 단점은 **참여자가 산만해질 수 있으며 환경적 요인이 집중력에 영향을 줄 수 있다는 점**(participants can become distracted and environmental factors can affect their concentration)이다.

353. Health+는 시니어 고객의 영양 습관과 그 근본 원인을 파악하기 위해 온라인 포커스 그룹(online focus group)을 진행하고 있다. 하지만 타겟 시장의 많은 사람들이 컴퓨터를 소유하고 있지 않아 어려움을 겪고 있다. 이 시나리오는 온라인 포커스 그룹의 단점 중 **제한된 접근(limited access)**에 해당한다.

글로벌 시장을 위한 시장 리서치

354. 국내 리서치와 인터내셔널 리서치 간의(between domestic and international research) 가장 큰 차이점은 인터내셔널 시장 데이터는 **국내 데이터보다 이해하기 더 어렵다**(more difficult to understand than domestic data)는 것이다.

355. 글로벌 시장의 마케팅 리서치(market research in global markets)를 위한 데이터 수집에 대한 설명 중 맞는 것은 **미국에서 발견되는 데이터의 양과 질은 대부분의 다른 국가에서 찾기 어렵다**(the quantity and quality of data found in the united states are not available in most of the world)는 것이다.

356. Brand Z Toys의 마케팅 관리팀은 몇몇 개발도상국 중 한 곳에 새로운 공장을 세우는 것을 검토하고 있다. 이들은 결정을 내리기 전에 해당 국가의 인구 통계 및 라이프스타일 특성(local population demographics and lifestyle characteristics)에 대한 예비 리서치(preliminary research)를 하고자 한다. 그러나 몇몇 나라에서는 정부가 이런 데이터를 수집하는 부서가 없고, 독립적인 리서치 기관(independent research firm)도 해당 분야를 조사한 바 없음을 알게 되었다. 이는 글로벌 시장에서 2차 데이터(secondary data)와 관련된 문제 중 **접근성(accessibility)**에 해당한다.

357. 중국 올림픽 체조선수들의 여권과 정부 파일에 나이 차이가 있다는 논란은 글로벌 시장에서 2차 데이터(secondary data)의 **신뢰성(dependability)** 문제를 보여준다.

358. RS Chemicals의 마케팅 매니저는 우즈베키스탄의 2차 데이터(secondary data)를 검토하는 중, 소득 수치가 미국 달러로 환산해도 너무 높다는 것을 알아챘다. 이후 이 국가의 정부 기관은 소득을 1인당이 아닌 가구 전체 기준으로 기록한다는 사실을 알게 되었다. 이 사례는 글로벌 시장에서 2차 데이터와 관련된 **비교가능성(comparability)**이라는 문제를 나타낸다.

359. Superior Foods Inc.의 마케팅 관리팀은 소비자들로부터의 선호도 데이터(preference data from consumers)를 수집하기 위해 과거 소련 국가들에서 리서치를 수행할 리서치 회사(research firm)를 고용했다. 그러나 고령 소비자들은 과거 공산 정부 시절 정보가 악용되었던 경험 때문에 응답을 꺼려했다. 이는 글로벌 시장에서 1차 데이터(primary data) 수집 시의 문제 중 **응답 기피(unwillingness to respond)**를 보여준다.

360. 소비자의 자사 제품에 대한 반응에 관한 1차 데이터(primary data)의 정확도를 위해, Classic Toiletries 제조사는 여러 나라의 특정 도시를 방문하도록 하나의 리서치 기관(research firm)을 고용하였다. 과거에는 현지 회사를 이용해 우편 및 전화 설문(mail and telephone surveys)으로 자료를 수집했지만, 그들이 조사한 응답자가 자사의 타겟 시장의 인구통계 및 라이프스타일 프로파일(demographic and lifestyle profiles)과 잘 맞는지를 확신할 수 없었다. 이에 Classic은 글로벌 시장에서 1차 데이터 수집 시 발생할 수 있는 **신뢰할 수 없는 샘플링 절차(unreliable sampling procedures)** 문제를 해결하고자 새로운 리서치 기관을 고용한 것이다.

361. 식품 제조업체가 개발도상국의 여러 신규 시장에 진출하려고 한다. 이를 위해 해당 시장에서의 품목 및 맛 선호도를 리서치 하고자 한다. 현지 언어로 정확하게 번역된 설문지를 배포했지만, 결과가 일관되지 않았다. 컨설팅 회사와 논의한 결과, 이들 국가 중 상당수가 문맹률이 매우 높아 설문 응답이 대충 무작위로 찍은 것(survey answers may be only random guesses)일 가능성이 있다는 설명을 들었다. 이 시나리오는 글로벌 시장에서 1차 자료(primary data)를 수집할 때 발생할 수 있는 문제 중, **이해 부족(insufficient comprehension)**을 보여준다.

고객관계관리

362. 고객 관계 관리(customer relationship management: CRM)를 포괄적인 비즈니스 모델(comprehensive business model)로 포지셔닝하면, 경영진이 장기적으로 이를 적절히 지원할 수 있는 동기(impetus)를 부여하게 된다. [맞음]

363. 고객 관계 관리(CRM)가 중요하게 여겨지는 주요 이유는 **시장 내 경쟁 압력(competitive pressures in the marketplace)** 때문이다.

1) CRM의 3대 목표

364. 고객 관계 관리(customer relationship management: CRM)의 세 가지 주요 목표 중 하나는 **고객 유치(customer acquisition)**이다.

365. CRM의 주요 목표 중 하나는 고객 대체(customer replacement)이다. [틀림] ☞ CRM의 주요 목표는 고객 유치(customer acquisition), 고객 유지(customer retention), 그리고 고객 수익성(customer profitability)이다. 고객 대체는 없다.

366. 다음 중 고객 관계 관리(customer relationship management)의 주요 목표 중 하나로, 고객에게 적시에 적절한 제품을 제공하면서 개별 고객 마진을 높이는 것과 관련된 것은 **고객 수익성(customer profitability)**이다.

367. Zenith의 마케팅 매니저는 수익성(profitability)을 기준으로 고객의 순위를 매기고자(ranking clients) 한다. 그는 각 고객의 주문 빈도(frequency)와 주문당 실제 비용(each client's order along with the actual costs per order)을 알려주는 데이터베이스에 접근한다. 이 데이터베이스는 **고객 관계 관리(customer relationship management)** 시스템의 일부이다.

368. 오늘날은 각 고객에 대한 총 재무적 수익률(total financial returns)을 계산하는 것이 가능하다. [맞음]

369. 고객 로열티는 **개인이 한 제품에서 다른 제품으로 전환하는 것을 얼마나 저항하는지의 정도**(the degree to which an individual will resist switching from one offering to another)라고 정의된다.

370. 고객 만족도(customer satisfaction)와 고객 로열티(customer loyalty)는 브랜드 매니저가 사용하는 두 가지 지표이며, 이들은 고객 관계 관리(customer relationship management: CRM)에서 활용되는 지표이다. [맞음]

371. 고객 만족은 **제공물이 고객의 기대를 충족하거나 초과하는 수준**(the level at which the offering meets or exceeds a customer's expectations)으로 정의된다.

CRM 프로세스 사이클

372. 고객 관계 관리(customer relationship management: CRM)의 프로세스 사이클에서 네 가지 요소 중 하나는 **고객 상호작용(customer interaction)**이다.

373. CRM 프로세스 사이클에서, **지식 발견(knowledge discovery)**은 다양한 고객 접점(customer touchpoints)을 통해 수집된 고객 정보를 분석하는(analyzing the customer information) 프로세스이다.

374. 고객 접점(customer touch points)과 데이터 마이닝(data mining)은 고객 관계 관리(customer relationship management) 프로세스 사이클 중 **지식 발견(knowledge discovery)**에 해당한다.

375. 데이터 마이닝(data mining)은 핵심 시장을 타겟팅하기 위해(in order to target key markets) 고객을 세분화하는 데 도움을 준다. [맞음]

376. 영업 사원이 잠재 고객을 직접 방문하여 대면으로 만나는 것은 상호작용적 터치포인트(interactive touchpoint)의 사례이다. [맞음]

377. The Juice and Java 회사는 자사 제품에 대해 트위터 피드에 글을 올린 고객의 정보를 활용한다. 이것은 **비상호작용적(noninteractive)** 터치포인트의 사례이다.

378. 마케팅 플래닝(marketing planning)은 고객 관계 관리(customer relationship management: CRM) 프로세스 사이클의 첫 번째 단계이다. **[틀림]** ☞ 두 번째 단계

379. 고객 관계 관리(customer relationship management) 프로세스 사이클 중 **고객 상호작용(customer interaction)** 단계는 고객 전략과 프로그램의 실제 실행(actual implementation)을 나타낸다.

고객 터치포인트

380. 고객 관계 관리(CRM) 프로세스의 **분석 및 정제(analysis and refinement)** 단계는 실행된 전략과 프로그램에 대한 고객 반응을 기반으로 조직 내 학습(organizational learning)이 이루어지는 단계이다.

381. 터치포인트를 최대한 활용하기 위해(to maximize the use of touchpoints) 기업이 해야 할 일 중 **고객에게 정보를 사용할 것임을 알리는(inform customers that you will be using their information)** 것은 해당하지 않는다.

382. 고객이 사회보장번호(social security number)와 같은 민감한 정보를 자발적으로 기업에 제공했다면, 해당 정보의 보안(security)에 대해 기업이 책임을 질 필요는 없다. **[틀림]** ☞ 비록 고객이 기업에게 자발적으로 제공한 정보라고 해도, 그 기업은 그 정보의 보안에 대해 책임을 져야 한다.

383. (미국의 대형 유통 업체인) Target은 4천만 명 고객의 개인정보가 유출되는 데이터 침해 사고(data breach)가 발생했을 때, 이 사건으로 인해 **타겟의 기업 시민정신에 초점을 맞춘 캠페인을 연기했다(postponed a campaign focused on target's corporate citizenship)**.

384. 소비재 회사의 마케팅 매니저 이치로는 고객들에게 알리지 않고 고객 정보를 외부에 판매하기 시작했다. 이는 CRM의 **어두운 면(dark side)**이라고 한다.

고객중심적 문화를 촉진하는 CRM

385. 판매의 역할을 고객 비즈니스 상담 및 솔루션 중심으로 재정의하는 것(redefining the selling role within the firm to focus on customer business consultation and solutions)은 CRM이 **고객 중심적 문화를 촉진**(facilitates a customer-centric culture)하는 방식 중 하나이다.

386. 고객 분석 프로세스의 공식화를 높이는 것(increasing formalization of customer analysis processes)은 고객 중심적 문화(customer-centric culture)의 구성 요소이다. [맞음]

387. **공식화(formalization)**는 구조(structure), 프로세스 및 도구(processes and tools), 경영 지식과 헌신(managerial knowledge and commitment)이 고객 중심적 문화를 지원하기 위해 공식적으로 정립되는 것(formally established)을 의미한다.

388. Lucifer가 CEO로 부임했을 때, 그는 조직 전체가 고객의 요구를 이해하고(understanding the requirements of customers), 조직 내 모든 이들이 고객 시장을 이해하도록(making sure that everyone in the organization understood the customer marketplace) 했다. 그는 **고객 지향성(customer orientation)**을 실천한 것이다.

389. **고객 마인드셋(customer mind-set)**은 고객이 내부 또는 외부에 있든 관계없이 그들을 이해하고 만족시키는 것(understanding and satisfying customers)이 자신의 업무 수행의 중심이라고 믿는 태도이다.

390. 고객 마인드셋을 강조해 온 회사의 직원 Jose는 **고객이 내부에 있든 외부에 있든, 그들을 만족시키는 것이 자신의 업무 수행의 핵심**(whether internal or external to the firm, satisfying customers is central to doing his job well)이라는 것을 이해하고 있다.

빅데이터

391. 빅데이터(Big Data)는 다양한 기술적 원천에 의해 지속적으로 생성되며, 양과 복잡성 면에서 증대되는(ever-increasing quantity and complexity) 데이터를 말한다.

1) 빅데이터의 4V

392. 빅데이터의 4V는 규모, 속도, 다양성, 가시성(volume, velocity, variety, and visibility)이다. **[틀림]**
☞ 마지막 V는 veracity(정확성)이다.

393. 규모(volume)는 일반적으로 바이트(byte) 단위로 측정되는 생성된 데이터의 양(amount of data produced)과 관련되는데, 이는 디지털 매체에서 가장 흔히 저장되는 방식이다.

394. Mr. Evans는 정리되고 정량화 할 수 있는(can be organized and quantified) 대량의 데이터를 생성할 수 있다는 점에서 빅데이터를 선호한다. Mr. Evans가 좋아하는 빅데이터의 특성은 **규모(volume)**이다.

395. 속도(velocity)는 시간이 지남에 따라 데이터가 생성되는 빈도(frequency)와 그 데이터를 얼마나 빠르게 분석하고 활용해야 하는지를 의미한다.

396. Fred는 곧 있을 영업 회의를 위해 제품별, 지역별 판매 수치를 가능한 빨리 알아야 한다. 그는 매니저들에게 프리젠테이션 방향을 지시해야 하기 때문이다. Fred가 필요로 하는 빅데이터의 특성은 **속도(velocity)**이다.

397. 다양성(variety)은 텍스트, 비디오, 이미지, 오디오 등 다양한 유형의 데이터(different types of data)를 의미한다.

398. Bjorn은 포커스 그룹(focus group)으로는 결정을 내릴 만큼 충분한 정량적 정보(quantitative information)가 부족하다고 느껴, 매니저들에게 온라인 서베이와 2차 데이터 리서치를 지시했다. Bjorn이 달성하려는 빅데이터의 특성은 **다양성(variety)** 이다.

399. **정확성(veracity)** 은 데이터의 신뢰성 및 타당성(reliability and validity)과 관련된다.

400. Keung은 인턴들이 쇼핑몰에서 실시한 서베이(surveys) 보고서를 받고 나서, 그들이 제대로 훈련되지 않았을지도 모른다고 우려했다. 그 이유는 그 데이터가 자신의 다른 연구 결과와 맞지 않았기 때문이다. Keung이 주로 걱정한 데이터의 특성은 **정확성(veracity)** 이다.

401. BakersMark의 CFO는 빅데이터 사용에 확신이 없었고, 이를 수집하고 저장하는 데 드는 비용을 정당화할 수 없었다. 이 경우 그는 빅데이터의 **가치(value)** 에 대해 우려하고 있었다.

402. 빅데이터는 마케팅 믹스를 최적화하는(optimize the marketing mix) 데 활용될 수 있다. [맞음]

빅데이터의 카테고리

403. 온라인에서 이름, 주소, 신용카드 정보를 입력해 구매를 완료하면, 해당 회사에 관계형 데이터베이스(relational database)나 스프레드시트에 저장할 수 있는 **정형(structured)** 데이터를 제공하는 것이다.

404. **정형(structured)** 데이터는 생성되는 동안 논리적인 구조(logical organization)가 부여되어, 지식 창출(knowledge creation)을 위한 분석이 더 용이하게 되는 데이터를 의미한다.

405. 스프레드시트에 있는 데이터는 비정형 데이터(unstructured data)로 간주된다. **[틀림]** ☞ 스프레드시트 내에 있는 데이터 형식은 주로 정형 데이터이다.

406. Marissa는 시카고의 부티크 호텔에 묵은 후 Facebook 피드에 사진을 올리고 얼마나 훌륭했는지를 설명했다. 이와 같은 정보는 **비정형(unstructured)** 데이터로 간주된다.

407. Tamra는 에펠탑 투어에서 받은 대우에 너무 화가 나서 항의성 영상(video rant)을 찍어 유튜브에 올렸다. 이것은 **비정형(unstructured)** 데이터의 사례이다.

408. **반정형(semi-structured)** 데이터는 일부 정형적 요소(some elements of structure)를 포함하고 있어 기계가 그 구조를 이해하기는 비교적 쉽지만, 자동화된 분석으로 지식을 창출하기에는 정형화가 불충분한 부분을 여전히 포함하고 있다.

빅데이터의 원천

409. 웹 관련 활동(web-related activity)은 데이터 생성의 주요 원천(major source of data generation) 중 하나이며, 인터넷 의존도가 높아짐에 따라 그 중요성은 계속 증가할 것이다.

410. 전자상거래 웹사이트에서 고객이 탐색을 시작하는 초기 단계에서 **클릭스트림 데이터(clickstream data)**를 사용하면 그 고객의 의도(intentions)를 파악하는 데 도움이 된다.

411. 당신이 식료품점에 가서 계산대(cash register)에서 거래가 수집될 때 POS 시스템이 사용 중이며, 기업은 이를 통해 당신의 구매 행동(purchase behavior)을 분석할 수 있다. [맞음]

412. 모바일 앱에서 데이터를 수집하면 교차 프로모션 기회(cross-promotional opportunities)를 얻는 등의 이점이 있다.

413. Target의 Cartwheel과 같은 **모바일 앱(mobile apps)**에서 수집된 빅데이터는 고객이 매장 내 할인 상품을 찾도록 도와주고, 소매업체가 매장 쇼핑 경험의 가치(value of in-store shopping experiences)를 극대화할 수 있도록 해준다.

414. 고객에 대한 빅데이터를 수집하여 다른 조직에 판매할 때, 기업은 **상업적 조직으로부터의 데이터(data from commercial entities)**를 사용하고 있는 것이다.

마케팅 분석

415. 마케팅 분석(marketing analytics)은 기술을 통해 가능해진 일련의 기법들의 집합(a set of methods facilitated by technology)을 말하며, 이는 개인 수준 및 시장 수준의 데이터(individual-level and market-level data)를 활용하여 마케팅 관련 의사결정을 개선하기 위한 목적으로(for the purpose of improving marketing-related decisions), 데이터 내의 의미 있는 패턴을 식별하고 전달하기 위한(to identify and communicate meaningful patterns within the data) 것이다.

416. 마케팅 분석(marketing analytics)은 휴대폰 사용 증가로 인해 생겨난 새로운 개념이다. **[틀림]** ☞ 마케팅 분석은 과거에도 존재했다. 다만 최근 데이터가 폭발적으로 증가함에 따라 마케터들이 데이터에 쉽게 접근할 수 있게 되면서 그 분석의 중요성이 더욱 커졌다.

417. Kalea는 글로벌 대기업에서 일하며, 시장 분석(market analyses)을 수행하고 그에 따른 계산 비용(computational costs)을 관리하는 업무를 맡고 있다. Kalea는 **마케팅 분석가(marketing analyst)**일 것이다.

1) 마케팅 분석의 4단계

418. Into the Abyss는 야외용 의류 회사로, 이제 막 새로운 데이터 분석을 시작하려고 한다. 복잡한 분석을 하기 전에 적절한 첫 단계는 **서술적 분석(descriptive analytics)**이다.

419. Zappos가 고객의 단일 거래의 평균 지출 금액(information on the average dollar amount a customer spends in a single transaction)을 수집할 때, 이는 서술적 분석(descriptive analytics)을 사용하는 것이다. [맞음]

420. Jeremiah는 새로운 광고 캠페인이 매출에 긍정적인 영향을 미치는지 알고 싶어 한다. 그는 진단적 분석(diagnostic analytics)을 사용할 것이다.

421. 예측적(predictive) 분석을 사용하는 접근 방식은 데이터를 활용하여 향후 마케팅 결과에 대한 예측(predictions)을 수행한다.

422. 처방적(prescriptive) 분석을 사용하는 접근 방식은 특정 상황에서 마케팅 관련 요소들(marketing-relevant factors)의 최적 수준(optimal level)을 결정하는 것으로, 이들 수준을 다르게 조정했을 때 다양한 마케팅 결과에 어떤 영향을 미치는지를 고려한다.

423. 네 가지 마케팅 분석(marketing analytics) 접근 방식 중 진단적 분석(diagnostic analytics)이 가장 복잡하다. [틀림] ☞ 분석의 복잡성은 단계를 거칠 수록 높아진다. 따라서 가장 복잡한 분석은 처방적(prescriptive) 분석이다.

마케팅 분석의 유형

424. Facebook 게시물의 '좋아요' 데이터를 사용할 때 적용되는 마케팅 분석(marketing analytics) 유형은 **소셜 미디어 분석(social media analytics)**이다.

425. 일부 제품의 경우, TV 광고 노출이 고객의 브랜드 관련 키워드 검색 수에 영향을 미친다는 것이 입증되었다. 이 경우, 도출된 결론은 어트리뷰션(attribution)에 기반한 것이다. [맞음]

426. 콘텐트 필터링(content filtering)은 고객이 과거에 선호를 보였거나 현재 고려 중인 제품이나 서비스와 유사한 항목을 판단하여 추천할 제품이나 서비스(products or services to recommend)를 알아내는 분석 기법이다.

427. 협업 필터링(collaborative filtering)은 유사한 고객으로 간주되는 이들의 관찰된 선호(observed preferences)에 기반하여 특정 고객의 제품 또는 서비스에 대한 선호를 예측하는 분석 기법이다.

428. 개인화(personalization)는 세 가지 수준의 세분성(granularity)에 따라 달성될 수 있다: 개인(individual), 세분시장(segment), 그리고 **대중(mass)**.

마케팅 대시보드의 개념

429. 마케팅 **대시보드(dashboard)**는 실제 매출과 예측 매출의 비교, 마케팅 계획 목표의 진행 상황 등 실시간 정보를 매니저에게 제공하는 종합적인 시스템(comprehensive system)이다.

430. 오늘날의 시장에서 경쟁하기 위해, 매니저와 임원(managers and executives)이 관련 목표 및 지표(relevant goals and metrics)의 진척 상황에 대한 핵심 정보를 항상 손쉽게(at their fingertips) 파악하려면 마케팅 플래닝에 **항상(at all times)** 집중해야 한다.

431. 마케팅 대시보드(marketing dashboard)는, 마케팅 활동과 **재무적 성과(financial results)** 간의 직접적이고 이해 가능한 연결을 보여주기 시작하는 방식으로 중요한 지표(crucial metrics)들의 시각적 표현을 사용한다.

432. 마케팅 대시보드(marketing dashboard)의 이점 중 하나는 사실에 기반한 논리적 의사결정(fact-based, logical decision making)을 중시하는 **학습(learning)** 조직을 만드는 데 기여한다는 것이다.

433. 대시보드(dashboard)는 마케팅의 목표, 운영, 성과(goals, operations, and performance)에 대한 투명성(transparency)을 만들어낸다. 이는 결과적으로 **마케팅에 대한 신뢰도와 신빙성을 높인다(increases marketing's perceived credibility and trust by others)**.

434. 마케팅 대시보드(marketing dashboard)의 첫 번째 버전에 대해 확실하게 알 수 있는 거의 유일한 사실은, 1~2년 후에도 아마 똑같이 보일 거라는 점이다. **[틀림]** ☞ 매우 다르게 보일 것이다.

435. 모든 대시보드(dashboard)의 두 가지 주요 목표는 진단적 통찰(diagnostic insight)과 **예측적 통찰(predictive foresight)**이다.

436. 훌륭한 마케팅 대시보드의 요소 중 하나가 아닌 것은 **수익 보고서(earnings report)**이다.

마케팅 대시보드의 함정

437. 경우에 따라 마케팅 대시보드(marketing dashboard)는 **내부적 측정치(inside-out measurement)**에 과도하게 의존하여 이미 알고 있는 것에만 집중하게 만들 수 있다.

438. 마케팅 대시보드(marketing dashboard)의 잠재적 함정(pitfall) 중 하나는, 전술적 지표(tactical measures)에만 너무 집중한 나머지 **전략적 통찰(strategic insight)** 측정의 중요성이 가려질 수 있다는 것이다.

439. 마케팅 메트릭스(marketing metrics)에 대시보드 접근 방식(dashboard approach)을 적용하는 것은 성공적인 마케팅 플래닝에 크게 기여한다. 하지만 실행 프로세스에서 다음과 같은 잠재적 함정(potential pitfalls)이 존재한다: **대시보드를 내부적으로 마케팅하는 것을 잊음(forgetting to market the dashboard internally)**.

440. 때때로 마케터는 마케팅이 단지 하나의 부서(department)가 아님을 잊고, 대시보드를 **주요 이해관계자(key stakeholders)**에게 마케팅하는 데 실패한다.

441. 마케팅 메트릭스(marketing metrics)를 위해 대시보드 접근 방식을 사용할 때의 잠재적 함정(potential pitfall) 중 하나는, 고위 경영진(senior management)이 대시보드를 믿고 이해하는지를(believe in and understand) 보장하지 않는 것이다. [맞음]

ROMI

442. 마케팅 투자 수익률(return on marketing investment: ROMI)은 마케팅을 비용(expense)이 아니라 투자(investment)로 본다. [맞음]

443. 다음 중 마케팅 투자 결정(investment decisions in marketing)을 내릴 때 고려해야 할 기본 요소 중 하나는 **허들율(hurdle rates)**이다.

444. 당신의 상사 Fernando가 ROMI가 5.0이어야 한다고 말한다면, 그는 마케팅 투자에 대한 **허들율(hurdle rate)**을 말하고 있는 것이다.

445. 마케팅 투자 결정에서 고려해야 할 사항 중, **인적 자원(human resources)**은 해당되지 않는다.

446. 낮은 위험의 마케팅 프로그램(low-risk marketing program)이 4.0의 ROMI를 가진다는 것은, 모든 마케팅 프로그램이 마케팅 지출(marketing expenditure) $1 당 최소 $4의 매출을 창출해야 한다는 의미이다.

447. ROBI는 브랜드 투자 수익률(return on brand investment)을 의미한다.

448. ROMI의 문제점 중 하나는 브랜드 자산의 효과나 변화(the effects or changes in brand equity)보다는 종종 **단기적 추가 수익 및 지출(short-term incremental profits and expenditures)**에 초점을 맞춘다는 점이다.

449. 기업들이 조직의 다양한 성공 요소에 대한 마케팅의 기여를 더 잘 정량화 하기 위해(to better quantify marketing's contribution) 시도함에 따라, ROMI와 기타 마케팅 성과 지표(metrics of marketing performance)의 사용은 줄어들 것으로 예상된다. [틀림] ☞ 줄어들지 않고 증가할 것으로 예상된다.

Domain 4.
BUYERS AND MARKETS

구매자와 시장

소비자의 파워

450. 고객에게 가치를 제공하는 것(delivering value to the customer)이 마케팅의 핵심(core of marketing)이다. [맞음]

451. 가치 제안, 유통, 마케팅 커뮤니케이션(value proposition, distribution, and marketing communications)은 소비자 의사결정 프로세스(consumer decision process)에 영향을 미치는 모든 마케팅 활동이다.

452. 소비자 의사결정 프로세스(consumer decision process) 모델에 따르면, 이 프로세스에 영향을 미치는 환경적 요인에는 가치 제안, 유통, 마케팅 커뮤니케이션(value proposition, distribution, and marketing communications)이 포함된다. **[틀림]** ☞ 가치 제안, 유통, 마케팅 커뮤니케이션은 회사 내부의 마케터가 하는 활동 또는 업무라고 볼 수 있다. 이를 외부 환경적인 요인으로 볼 수 없다.

소비자 행동의 내부 요인

1) 개인적 요인

453. 소비자 선택에 영향을 미치는 내부 요인(internal factors affecting consumer choices)에는 개인적 특성(personal characteristics)과 심리적 속성(psychological attributes)이 포함된다. [맞음]

454. 연령과 태도(age and attitude)같은 내적 요인(internal forces)은 소비자 선택에 영향을 미친다.

455. 대학 졸업, 결혼, 자녀 출산 등은 개인의 구매 습관(individual's buying habits)을 변화시키며, 이는 **가족 생애주기(family life cycle)**라고 불린다.

456. James는 직장 환경(work environment)에 많은 영향을 받는다. 그는 **동료들과 같은 장소로 휴가를 갈**(go for a vacation at the same places as his coworkers) 것이다:

457. 라이프스타일(lifestyle)은 개인의 활동, 관심사, 의견(activities, interests, and opinions: AIO)을 통해 드러나는 삶에 대한 관점(individual's perspective on life)을 말한다. [맞음]

458. 성 역할(gender roles)은 시간이 지나도 변하지 않으며 문화 간에도 동일성을 유지한다(maintain uniformity across cultures). [틀림] ☞ 성 역할은 시대에 따라 변한다. 문화에 따라서도 다르다.

459. 남성과 여성은 필요로 하는 제품은 다르지만, 받아들이는 마케팅 커뮤니케이션(marketing communications they are receptive to)에는 차이가 없다. [틀림] ☞ 차이가 있다. 예를 들어, 남자는 미용 용품의 마케팅 커뮤니케이션에 대해 여자보다 반응도가 낮을 것이다.

2) 심리적 요인

A. 동기

460. 매슬로우의 욕구 위계 이론(Maslow's hierarchy of needs theory)에 따르면, 개인은 기본적인 니즈(needs)가 충족되지 않아도 사치품에 관심을 가진다. **[틀림]** ☞ 매슬로우의 이 이론의 핵심은, 하위 단계의 니즈가 충족되지 않으면 상위 단계의 니즈가 좀처럼 생기지 않는다는 것이다.

461. 위생 요인(hygiene factors)을 만족시킨다고 해서 로열티 높은 직원이나 고객이 생기지는 않는다고 보는 현대의 동기 이론은 **Herzberg의 2요인 이론(two-factor theory)**이다.

B. 태도

462. 태도(attitude)란 어떤 대상이나 대상군에 대해 일관되게 호의적 또는 비호의적으로(favorable or unfavorable way) 반응하도록 학습된 성향이다. 태도가 중립인 경우는 거의 없다(attitudes are seldom if ever neutral). [맞음]

463. 태도(attitudes)는 학습되거나 최소한 **새로운 정보(new information)**에 의해 영향 받는다.

464. 가치(value)의 두 가지 범주는 문화적(cultural) 가치와 개인적(personal) 가치이다. [맞음]

465. 다음 중 개인의 신념 체계(belief system)를 형성하는 데 영향을 주는 것은 **신뢰할 수 있는 출처로부터의 정보(information from trusted sources)**이다.

466. 매니저는 제품 성능에 대한 속성 목록(list of attributes)을 평가하는 평가 척도(rating scales)를 고객이 체크하게 함으로써, 고객의 신념 및 가치(beliefs/values) 등의 중요한 정보를 얻는다. 이 때 사용하는 것은 **다속성(multiattribute)** 모델이다.

C. 지각

467. **지각(perception)**은 소비자 선택에 영향을 미치는 심리적 속성(psychological attribute)이다.

468. 동기(motivation)란 세상에 대한 유용한 정보기반의 그림(useful, informed picture of the world)을 만들어 낼 수 있도록 정보를 선택하고, 조직하고, 해석하는(select, organize, and interpret) 시스템이다.
[틀림] ☞ 이건 동기에 대한 설명이 아니라 지각(perception)에 대한 설명이다.

469. 지각(perception)은 개인의 태도, 신념, 동기(attitudes, beliefs, motivation), 그리고 궁극적으로는 **행동(behavior)**에 영향을 준다.

470. Alma와 Tarvares는 소니의 새로운 LCD 평면 TV 광고를 본다. Alma는 그 광고를 품질이 뛰어나고 가격 이상의 가치를 지닌 것으로 보지만, Tarvares는 과대평가된 제품으로 보며 프리미엄 가격을 정당화할 수 없다고 본다. 이처럼 같은 광고를 다르게 해석하는 이유는 **지각(perception)** 때문이다.

471. 지각(perception)을 형성하는 세 가지 심리적 도구(psychological tools)는 **선택적 인지, 선택적 왜곡, 선택적 유지(selective awareness, selective distortion, selective retention)**이다.

472. 선택적 **인지(awareness)**는 개인이 자신에게 관련된 것에 집중하고 관련 없는 것을 제거하도록 돕는(심리적) 도구(tool)를 의미한다.

473. Bella는 하루에 약 2,500개의 메시지에 노출된다. 그녀는 그 모든 메시지를 기억하기는 커녕 처리할 수도 없기 때문에, 관련된(relevant) 것에 집중하고 그렇지 않은 것은 제거한다(eliminates). 그녀가 사용하는 심리적 도구(psychological tool)는 **선택적 인지(selective awareness)**이다.

474. 정보가 오해되거나(misunderstood) 기존 신념(existing beliefs)에 맞춰 조정(made to fit)되는 프로세스는 선택적 **왜곡(distortion)**이라고 한다.

475. 선택적 **기억(retention)**은 기존 태도를 강화하는(reinforce) 경향이 있으며, 사람들이 반대되는 정보를 인지하거나 기억할 가능성이 낮기 때문에 부정적인 신념과 태도를 극복하려는(to overcome negative beliefs and attitudes) 마케터에게 큰 도전 과제가 된다.

D. 학습

476. 학습(learning)은 장기 기억이나 행동(long-term memory or behavior)의 내용 또는 구성(content or organization)에 생기는 모든 변화(any change)를 의미한다.

477. 학습(learning)은 정보가 처리되어 장기 기억(long-term memory)에 추가될 때 발생한다.

478. 마케터는 고객이 정보를 기억할 수 있도록 메시지, 형식, 전달 방식(message, format, and delivery)을 활용함으로써 학습(learning)에 영향을 미칠 수 있다. [맞음]

479. 학습(learning)의 두 가지 기본 접근 방식은 **조건화와 인지 학습(conditioning and cognitive learning)**이다.

480. 어떤 기업이 두 자극 – 마케팅 정보와 태도(marketing information and attitude) – 간의 연관을 만들고자 한다. 이 기업은 **고전적 조건화(classical conditioning)**에 의존하고 있는 것이다.

481. 베이비붐 세대가 긍정적인 기억과 연결된 음악을 듣고, 그 음악이 광고되는 제품 및 브랜드와 연결될 때, 이는 **조건적 학습(conditioned learning)** 개념을 보여주는 것이다.

482. Frito-Lay가 Doritos의 무료 시식 행사를 통해 사람들이 제품을 시식하고, 즐기고, 결국 Doritos를 구매하도록 유도할 때, 이는 **조작적 조건화(operant conditioning)**를 사용하는 것이다.

483. 인지적 학습(cognitive learning)은 두 자극 간의 연관(association between two stimuli)을 형성하는 것이다. [틀림] ☞ 이것은 인지적 학습에 대한 설명이 아니라 고전적 조건화에 대한 설명이다.

E. 개성

484. 성격(personality)은 유사한 상황에서 독특한 반응을 이끌어내는 일련의 독특한 개인적 특성(unique personal qualities)을 말한다.

485. 성격 특성 이론(personality trait theories)은 모든 사람이 일관되고 지속적인 개인적 특성 집합(a set of consistent, enduring personal characteristics)을 가지고 있다는 가정에 기반한다. [맞음]

486. Bob이 Sherry를 묘사했을 때, 그녀의 나이나 교육 수준이 아니라 그녀의 느긋한 성격에 대해 말했는데, 이는 그녀의 **성격(personality)**을 반영한 것이다.

487. 브랜드 개성에 대한 연구는 다섯 가지 브랜드 성격 특성을 확인했다. 여기에는 정직성, 열정, 능숙함, 강인함, 유머감각(honesty, enthusiasm, skill, hardiness, and sense of humor)이 포함된다. **[틀림]** ☞ 브랜드 개성에 관한 대표적 연구는 Jennifer Aaker의 1997년 연구이다. 그녀에 따르면 브랜드 성격은 다음과 같은 다섯 가지 핵심 차원으로 분류된다: 성실함, 열정, 유능함, 세련됨, 강인함(sincerity, excitement, competence, sophistication, ruggedness)

소비자 행동의 외부 요인

1) 문화

488. 마케팅 매니저가 문화(culture)를 주의 깊게 살펴야 하는 이유는 **문화를 이해하지 못하면 제품 수용에 심각한 부정적 영향을 끼치기 때문이다**(failing to understand culture has a significant negative effect on product acceptance).

489. 가치, 도덕, 신념(values, morals, and beliefs)은 모두 문화(culture)의 일부이다. [맞음]

490. Pittsburgh 출신의 Bob은 가족을 아내, 자녀, 형제자매, 부모로 생각한다. 반면 멕시코 출신 이민자인 Marco는 사촌과 조부모까지 포함한 더 큰 범위를 가족으로 본다. 이것은 문화적 가치(cultural values)의 차이를 반영한다. [맞음]

491. 미국인은 근면과 성취를 중시하고, 일본인은 조화와 위계를 중시한다. 이는 **문화적(cultural)** 요인의 차이를 보여준다.

492. 문화 외에 소비자 행동과 관련하여 특히 중요한 세 가지 요인은 **언어, 가치관, 비언어적 커뮤니케이션**(language, values, and nonverbal communications)이다.

493. 다음 중 언어(language)에 대한 설명으로 옳은 것은 **언어는 필수적인 문화의 구성 요소**(essential cultural building block)라는 것이다.

494. 다음 중 문화적 가치에 대한 정의로 가장 적절한 것은 다음과 같다: **문화적 가치는 사회가 공유하며 긍정적인 이상을 주장하는 원칙이다**(Cultural values are principles shared by a society that assert positive ideals)

495. 비언어적(nonverbal) 커뮤니케이션은 표정, 시선, 제스처, 자세, 기타 모든 신체 언어(facial expressions, eye behavior, gestures, posture, and any other body language)를 통한 커뮤니케이션을 의미한다.

496. 주머니에 손을 넣고 시계를 보는 것(keeping your hands in your pockets and looking at the clock)은 긍정적인 비언어적 커뮤니케이션(positive nonverbal communication)의 사례이다. [틀림] ☞ 비언어적 커뮤니케이션인 건 맞지만 긍정적인 감정을 표현하는 것은 아니다.

497. 미국에서는 대부분의 비즈니스 대화가 3~5피트 거리에서 이루어지며, 이는 라틴 아메리카 문화보다 더 먼 거리이다. 이는 **개인적 공간(personal space)**의 차이의 한 사례이다.

498. Maria는 특정 종교 집단에 소속감을 느끼며, 이는 그녀의 문화 내에서 더 작은 분파이다. Maria 의 종교 집단은 **하위 문화(subculture)**의 사례이다.

2) 상황

499. 개인은 리얼리티 쇼를 혼자 볼 때와 친구들과 파티에서 볼 때 서로 다르게 반응할 것이다(will react differently). [맞음]

500. 사람이 계산대 줄이 길 때는 쇼핑 방식이 달라진다. 이는 **개인적 상황(personal circumstances)** 때문이다.

3) 사회

501. 가족(family)은 소비자 선택에 영향을 미치는 사회적 요인(societal factor)이다. [맞음]

502. 가정의 생애 주기(household life cycle)는 **가족 구조(family structure)**의 변화로 인해 변화하고 있다.

503. 사회 계층(social class)은 연령, 교육, 소득, 직업 등의 인구통계적 특성에 따라 개인을 조화로운 집단(harmonized groups)으로 분류한 것이다.

504. Ammon은 Max's Pizza 가게에서 일하며, 미혼부로 최저 임금을 받는다. 하지만 새로운 금융 조건을 활용하여 최근 BMW 차량을 리스했다. 이는 **열망적(aspirational)** 구매의 사례이다.

505. 오피니언 리더(opinion leaders)는 정보를 분류하고 설명하며 전달하는 중요한 역할을 하며, 대개 가족과 친구들에게, 때로는 더 넓은 대중에게 영향을 미친다.

506. Berta는 요리에 관한 블로그를 운영하며, 레시피, 제품 추천, 쇼핑 팁을 공유한다. 그녀에게는 30만 명의 팔로워가 있으며, 자주 질문에 답하며 본인이 좋아하는 주방용품 구매처도 소개한다. Berta는 마켓 메이븐(market maven)으로 간주될 수 있다. [맞음]

507. Jill은 와인에 관해서는 다양한 종류의 와인, 쇼핑 장소, 관련 정보에 능통하다. 그녀의 친구들은 특별한 날이 다가오면 항상 Jill에게 도움을 요청한다. Jill은 **마켓 메이븐(market maven)**으로 간주된다.

508. John의 신념, 태도, 행동은 친구들의 영향을 받는다. 그의 친구들은 **준거(reference)** 집단으로 분류될 수 있다.

509. 준거 집단(reference group) 중 2차 집단(secondary group)은 자주 접촉하는 사람들로 구성된다.
[틀림] ☞ 1차 집단은 자주 접촉하는 관계로 이루어져 있고, 접촉이 덜하거나 제한적인 관계는 2차 집단이라고 한다. 문제에 나온 설명은 1차 집단에 대한 설명이다.

고관여/저관여 학습

510. 사람들이 어떤 프로세스의 결과에 대해 걱정할 때, 제품 옵션에 대한 정보를 더 많이 수집하고 그 프로세스와 결정에 더 깊이 감정적으로 관여하게 되며, 이를 통해 **고관여 학습**(high-involvement learning)에 참여하게 된다.

511. Matthew는 새로 키우는 강아지를 위해 미용 도구를 사러 갔다. 그는 처음 본 브러시를 바로 집어 구매했다. 이는 **저관여 학습**(low-involvement learning)의 사례이다.

512. Matthew은 그녀가 좋아하는 프로그램인 'Housewives of Kankakee'을 보던 중, 우연히 한 정치 광고를 보게 되었고, 그 후보의 건강보험 관련 입장을 듣고 그녀에게 투표하기로 결정했다. 이는 고관여 학습(high-involvement learning)을 나타낸다. **[틀림]** ☞ 자발적인 폭넓은 정보 탐색과 분석이 없이, 외부 정보만으로 학습을 하는 것은 저관여 학습이라고 할 수 있다.

소비자 의사결정 프로세스

513. 다음 중 소비자 의사결정 프로세스의 단계를 순서대로 올바르게 나열한 것은 **문제 인식, 정보 탐색, 대안 평가, 제품 선택 결정, 구매 후 평가**(problem recognition, search for information, evaluation of alternatives, product choice decision, post-purchase evaluation)이다.

1) 문제 인식

514. Mia는 오늘 어떤 기분을 느끼고 싶고 어떤 삶을 살고 싶은지 생각한다. 그녀는 **선호(preferred)** 상태를 상상하고 있는 것이다.

515. Mary는 실제로는 아파트에 살며 지하철을 타고 출근하지만, 마당에 미니밴이 있는 침실 세 개짜리 집에 사는 척한다. 이 집은 Mary의 실제 상태(real state)를 반영한다. **[틀림]** ☞ 아파트(월세 집)에 살고 지하철을 타는 것이 실제 상태이고, 침실 세 개짜리 집과 미니밴은 실제 상태가 아니다.

2) 정보 탐색

516. Josh는 집에 가는 길에 주유등이 켜진 것을 보고, 추가 정보를 얻지 않고 근처 주유소에 들러 기름을 넣는다. 이는 **최소 정보 탐색**(minimal information search)의 사례이다.

517. Gabriel은 카메라를 구매하기 전에 잡지를 읽고, 친구와 가족에게 의견을 구하고, 온라인 검색을 하고, 매장에서 여러 카메라를 시험해보았다. 이는 **광범위한 정보 탐색**(extensive information search)의 사례이다.

518. Mike와 Judy는 아기를 갖게 된 것을 알고, Infiniti G 쿠페를 더 실용적인 차량으로 바꾸기로 한다. 이들은 최종 결정을 내리기 전에, 자동차 잡지, 친구 및 가족의 의견, 온라인 리서치, 소비자 보고서, 다양한 자동차 및 SUV 시승 등을 통해 철저한 정보 탐색(thorough information search)을 수행한다. 이는 광범위한 정보 탐색(extensive information search)의 사례이다. [맞음]

519. 외부(external) 정보 출처에는 독립된 단체, 개인적 관계, 마케터가 만든 정보, 경험(independent groups, personal associations, marketer-created information, and experiences) 등이 포함된다.

520. Kobe는 새 차가 필요하다고 판단하고, 일본산 4도어 세단을 원한다고 결정했다. 이는 Kobe의 전체 집합(complete set)을 나타낸다. [틀림] ☞ 이는 고려집합(consideration set)이다.

3) 대안 평가

521. 태도 기반(attitude-based) 선택은 감정적(emotional) 선택보다 더 전체론적인(holistic) 경향이 있으며, 구체적인 속성(specific attributes)보다는 요약된 인상(summary impressions)을 사용해 옵션을 평가하고, 자동차나 집처럼 중요한 구매에도 영향을 미친다.

4) 제품 선택 결정

522. Kristina는 친구와 쇼핑하던 중, 친구가 좋아하고 구매하는 제품을 똑같이 선택했다. 이는 실제 선택 결정에 영향을 미치는 **사회적 상황**(social circumstances)의 사례이다.

5) 구매 후 평가

523. Karla는 연주회용 드레스를 색상이나 스타일이 마음에 들어서가 아니라, 자신감을 주기 때문에 샀다. 이는 제품의 **상징적 성능**(symbolic performance) 측면의 중요성을 보여준다.

524. 여러 매장을 비교한 끝에 Janine은 최고급 Vitamix를 구매했지만, 집에 돌아온 뒤 너무 비싸게 산 건 아닌지, 더 저렴한 주스를 샀어야 했다고 걱정했다. Janine은 구매 후 부조화(post-purchase dissonance)를 경험한 것이다. [맞음]

B2C 시장과 B2B 시장의 차이

525. B2B 시장의 특성상 B2C보다 구매자-판매자 사이에 더 강한 **개인적 관계**(a more personal relationship between the buyer and seller than in b2c markets)가 필요하다.

526. 비즈니스 시장의 고객 관계(customer relationships in business markets)에 대한 설명으로 올바른 문장은 다음과 같다: **일대일의 개인적 커뮤니케이션이 고객 관계를 개발하고 유지하는 데 가장 중요한 도구이다**(one-on-one personal communication is the most important tool in developing and maintaining customer relationships).

527. 미국 내 기업 시장은 특정 지역에 집중되는(concentrate in certain locations) 경향이 있으며, 이는 공급업체가 구매자 가까이에 위치하기를 원하기 때문이다. [맞음]

528. 공급(supply)망은 채널을 통한 상품의 동기화된 이동(synchronized movement)을 의미한다.

529. 제품에 대한 소비자의 수요와 B2B 제품에 대한 수요 간의 관계는 **파생(derived)** 수요로 알려져 있다.

530. 소비자 수요의 작은 변화가 기업 제품 수요에 큰 변화를 유발하는 현상은 **가속 효과(acceleration effect)**라고 불린다.

531. 일반적으로 B2B 수요는 B2C 제품이나 서비스 수요보다 더 **비탄력적(inelastic)**이다.

구매 상황

532. 단순 재구매(straight rebuy)는 선호하는 공급업체(preferred supplier)에게 맡기는 루틴한 구매이다. [맞음]

533. 일상적으로 사용하는 제품을 다시 주문하는 것은 **단순 재구매(straight rebuy)**이라고 한다.

534. 수정 재구매(modified rebuy)는 구매자가 기존 제품과 공급업체에 익숙하지만(familiar with the existing product and supplier) 추가 정보를 찾고자 할 때 발생할 수 있다. 아마 새로운 경쟁자나 제품이 등장했거나(new competitors or products have entered the market), 또는 현재 공급업체의가 기대에 부응하지 못하고(the current supplier is not meeting expectations) 있을 것이다. [맞음]

535. Ford Motor Company가 기존 제품과 공급업체에 익숙하지만, 시장의 새로운 제품에 대한 정보를 찾고자 할 때, 이는 **수정 재구매(modified rebuy)** 프로세스에 해당한다.

구매 센터

536. 유기농 차 생산업체인 Johnson & Marshall은 구매 결정을 위해, 구매 부서, 재무 지식이 있는 경영진, 설계 전문성을 가진 엔지니어로 구성된 그룹을 만든다. 이 그룹은 **구매 센터(buying center)**의 대표적인 사례이다.

537. Paul은 골프장의 그라운드키퍼로, 잔디를 깎고 관리할 뿐만 아니라 잔디에 대한 전문 지식을 가지고 있다. 골프 프로와 클럽 매니저는 잔디 관리 장비에 대해 폴과 상의한다. Paul은 구매 프로세스(buying process)에서 **사용자(user)**의 역할을 한다.

538. Maryanne은 제조팀들 중 한 곳의 생산성이 6개월간 떨어졌다는 것을 발견하고, 원인을 분석한 후 핵심 장비가 자주 고장 난다는 사실을 알게 된다. 그녀는 여러 장비 제조업체를 불러 제안서를 요청한다. 이때 Maryanne은 **최초제안자(initiator)**의 역할을 한다.

539. 최초제안자(initiators)는 조직 내외부의 개인 중 특정 분야에 전문성을 갖추어 구매 센터(buying center)가 최종 결정을 내리는 데 참고하는 사람을 의미한다. **[틀림]** ☞ 이 설명은 최초제안자 아니라 의사결정자(decider)에 대한 것이다.

540. Mark는 금속 절곡기(metal-bending machine)를 제조업체에 판매하려고 한다. 그는 회사 내 금속 가공에 대한 전문 지식을 가진 사람들에게 접근해 이들이 구매 센터(buying center)에 정보를 제공하도록 하려 한다. 이 사람들은 **영향력 행사자(influencers)**로 불린다.

541. B2B 구매 프로세스에서 게이트키퍼(gatekeeper)가 중요한 이유는 **특정 구매 프로세스에서 공급업체 수를 제한하기 때문이다(they limit the number of vendors in a given buying process)**.

542. 회사 내에서 구매 프로세스에서 핵심 인물(key personnel)과의 접근을 차단하는 사람들을 골키퍼라고 한다. [틀림] ☞ 골키퍼가 아니라 게이트키퍼(gatekeeper)이다.

543. 의사결정자(decider)는 영업 사원이 파악해야 할 중요한 집단인데, 그 이유는 **이들이 최종 구매 결정을 내리기 때문이다**(they make the ultimate purchase decision).

544. Boris Jankowski는 맥주 제조 장비 제조업체의 영업사원이다. 그는 한 지역 수제맥주 매장(microbrewery)이 다른 주로 사업을 확장하며 필요한 장비 구매를 위해 구매 센터(buying center)를 구성했다는 사실을 알게 되었다. Boris가 가장 먼저 해야 할 일은 **구매 센터에 누가 포함되어 있는지 알아내는 것**(discover who is part of the buying center)이다.

NAICS

545. NAICS는 북미 전역을 포괄하는 300개의 주요 산업 부문(business sectors)을 정의한다. **[틀림]** ☞ 300개가 아니라 20개 정도이다.

546. 북미산업분류시스템(NAICS) 코드에 대한 설명 중 사실인 문장은 다음과 같다: **NAICS 코드를 통해 시스템 내 각 코드에 대한 상세 정보를 구매할 수 있다**(the NAICS codes make it possible to purchase detailed information on each of the codes in the system)

B2B 시장의 구성원

547. MRO(유지보수용) 용품은 일반적으로 **단순 재구매(straight rebuy)**를 통해 구매된다.

548. OEM 고객은 자사 제품 수요를 지원하기 위해 대량 구매를 한다(purchase in large quantities). [맞음]

549. Home Depot와 같은 회사는 하나의 매장에서 B2B 시장과 B2C 시장 모두에 판매한다. 이런 회사는 **리셀러(reseller)** 범주에 해당한다.

550. 정부 구매에 대한 설명 중 사실인 문장은 다음과 같다: **미국 정부는 세계 최대의 제품 및 서비스 구매자이다**(the U.S. government is the single largest buyer of goods and services in the world)

551. 영리 시장(profit-oriented market)과 비영리 시장(nonprofit market) 간의 주요 차이는 비영리 단체는 **영리 조직에 비해 자원이 제한적이다**(have a limited number of resources compared to their for-profit counterparts)라는 점이다.

B2B 시장
구매의사결정 프로세스

552. 기업 시장의 구매 결정 프로세스(business market purchase decision process)은 조직 내외부의 누군가가 니즈를 확인할(identifies a need) 때 시작된다. [맞음]

553. 구매 프로세스(purchase process)에서 문제가 식별된 후의 다음 단계는 **요구 사항을 명확히 정의하고 제품 사양을 개발하는 것**(clearly define the need and develop product specifications)이다.

554. 구매 프로세스(purchase process)에서 제품 사양(product specifications)을 작성하는 목적은 **잠재적 공급업체를 가이드하기 위해서**(to guide potential suppliers)이다.

555. 회사의 니즈가 식별되고 제품 사양(product specifications)이 작성된 후 다음 단계는 **잠재적 공급업체 확인 및 결정**(identifying and determining potential suppliers)이다.

556. 제안 요청서(RFP)란 **제품 사양을 문서로 작성하여 배포하는**(of putting product specifications into a document for distribution) 프로세스이다.

557. 기업이 개방형 공급업체 검색(open vendor search)을 통해 RFP를 요청할 때 목표는 **협상에 도움이 되는 복수의 제안을 받는 것**(get several proposals to help with negotiations)이다.

558. 영업 제안서(sales proposal)는 회사가 자사 고유의 제품, 서비스, 가격을 홍보할(showcase) 수 있는 기회를 제공한다. [맞음]

559. 재무적(financial) 기준은 소유 비용(cost of ownership)을 평가하기 위해 함께 묶이는 분석물과 지표들의 집합(set of analyses and metrics)이다.

560. 공급업체(vendor) 선택 시 가장 기본적인 기준은 **신뢰성(reliability)**이다.

561. 제품(product)과 공급업체(supplier) 선택에 영향을 주는 요소가 있다면 그건 조직적 요인(organizational factor)이다. 가장 주요한 조직적 요인은 **위험 감수성(risk tolerance)**이다.

B2B 시장의 테크놀로지

562. 전자 데이터 교환(EDI)은 **고객 컴퓨터가 공급업체 컴퓨터와 직접 통신할 수 있도록 하는 것**(customer computers to communicate directly with supplier computers)을 가능하게 한다.

563. 조직들은 비즈니스 구매(business purchase)를 더 쉽게 하고 일선 의사결정자(decision makers)에게 더 가깝게 다가가기 위해 승인된 공급업체(approved suppliers)와의 직접 연결 등 다양한 전자조달 방식(e-procurement)을 활용하고 있다. [맞음]

564. 온라인으로 비즈니스 구매를 진행하는 프로세스를 전자 체인(e-chain)이라고 한다. [틀림] ☞ 전자 체인이 아니라 전자 조달(e-procurement)이다.

565. 자동차 제조업체인 Melony는 구매 부서가 온라인으로 제품을 구매하고 공급하는 데 도움을 주기 위해 통합 웹사이트를 구축했다. 이것은 **전자 조달(e-procurement)** 방식의 대표적인 사례이다.

STP

566. 세분화(segmentation)의 기본 원칙 중 하나는 고객 하위 집단(subgroups of customers)을 어떤 유사성에 근거해(on some basis of similarity) 식별할(identify) 수 있다는 것이다. [맞음]

567. 다음 중 세분화(segmentation)의 기본 원칙 중 하나는 다음과 같다: 하위 집단은 전체 시장보다 더 작고 동질적일 것이다(subgroups will be smaller and more homogeneous than the overall market).

568. 시장을 세분화한다는 것은 회사가 공통된 특성에 기반하여 시장을 의미 있는 더 작은 시장들로 나누는 것(dividing the market into meaningful smaller markets based upon common characteristics)을 의미한다.

569. 타겟 마케팅(target marketing)이란 회사가 세분시장을 평가하고 가장 개발 가능성이 높은 세분시장을 선택하는(a company evaluates market segments and decides which ones have the most potential for development) 프로세스를 말한다.

570. 포지셔닝(positioning)은 고객의 니즈 및 원츠와 제품이 제공하는 것(customer's needs and wants and what the product has to offer)을 쉽게 연결할 수 있도록, 고객에게 하나 또는 그 이상의 가지 이상의 가치 원천(sources of value)을 전달하는 데 의존한다.

571. 조직은 고객의 니즈 및 원츠(his or her needs and wants)와 제품이 제공하는 것(what the product has to offer) 사이를 쉽게 연결할 수 있도록, 고객에게 하나 또는 그 이상의 가치 원천을 전달한다. 이러한 접근을 실행하는 것을 기업의 포지셔닝(positioning) 전략이라고 불린다.

시장세분화

572. 음료 제조 회사의 브랜드 매니저인 Walter는 세분화 접근 방식을 개발하며, 어떤 세분시장이 충분한 규모를 갖추고 있다고 말한다. 이는 시장이 **투자 대비 긍정적인 수익을 제공할 수 있음**(can provide a positive return on investment)을 의미한다.

573. 세분화를 고려 중인 시장에 대한 2차 또는 1차 데이터를 확보할 수 있는 능력과 관련된 질문은 다음과 같다: **해당 세분시장은 쉽게 규명해 낼 수 있고 측정 가능한가?**(Is the segment readily identifiable and can it be measured?)

574. 시장 세분화에 관한 다음 질문 중, 식별된 하위 시장에 대해 서로 다른 마케팅 전략을 수립하고 실행하는 것과 관련 있는 문장은 다음과 같다: **제품의 가치를 전달할 때, 해당 세분시장은 하나 이상의 중요한 차원에서 명확히 차별화되는가?**(Is the segment clearly differentiated on one or more important dimensions when communicating the value of the product?)

575. 다음 중 성공적인 세분화를 가능하게 하는 기준이 아닌 것은 다음과 같다: **차별화되지 않아야 한다**(it should be undifferentiated).

576. 미국 신용카드 회사들은 동아프리카의 한 국가에서 서비스를 제공하고자 한다. 그러나 언어 장벽과 인프라 문제로 인해 어려움을 겪고 있다. 이러한 문제는 시장 세분화(market segmentation)에 대한 다음과 같은 질문과 관련된다: **제품의 가치를 전달할 수 있도록 이 세분시장에 도달 가능하며, 그 후 효과적이고 효율적으로 관리 가능한가?**(Can the segment be reached in order to deliver the value of the product, and subsequently can it be effectively and efficiently managed?)

소비자 시장 세분화

1) 지리적 세분화

577. 지역(region), 인구 밀도(density of the population), 인구 규모(size of the population)는 모두 **지리적 세분화(geographic segmentation)**에 활용되는 다양한 접근 방식들이다.

578. 다음 중 지리적 세분화(geographic segmentation) 접근 방식에 포함되지 않는 것은 **인구의 성별(gender of population)**이다.

579. 마케터가 지리적 세분화(geographic segmentation)를 사용할 때는 **소비자들이 거주지에 따라 마케팅 전략과 프로그램에 다르게 반응한다는 증거가 있을 때(there is evidence that consumers respond differently to marketing strategies and programs based on where they live)**이다.

580. 한 소매 체인이 겨울 코트를 판매할 때, 시기에 따라 각기 다른 매장에 코트를 보낸다. 이 사례는 미국 내 지리적 세분화(geographic segmentation) 접근 중 **기후에 따른 분류(by climate)**에 해당한다.

581. 다음 중 지리적 세분화(geographic segmentation)에 대한 설명으로 옳은 설명은 다음과 같다: **대부분의 경우, 지리적 세분화는 불충분한 기준이다(in most instances, it is an insufficient criterion in and of itself)**.

2) 인구통계적 세분화

582. 인구통계학적 세분화(demographic segmentation)는 시장을 세분화하기 위해 **사람들의 인구(human populations)**의 특성을 사용하는 것으로 가장 잘 설명된다.

583. 인구통계학적 세분화(demographic segmentation)가 가장 인기 있는 세분화 접근 방식 중 하나인 이유는 이 접근 방식에서 사용하는 변수들을 비교적 쉽게 측정할 수 있기 때문이다(it is relatively easy to measure the variables used in this approach to segmentation) 때문이다.

584. 가장 단순하고(straightforward) 인기 있는(popular) 세분화 방법 중 하나는 인구통계학적(demographic) 세분화이다. [맞음]

A. 나이

585. 연령(age)은 흔히 사용되는 세분화 방법이다. 그러나 연령만으로 세분화하는 것은 위험할 수 있는데, 그 이유는 **나이 든 고객을 하나의 집단으로 묶는 것은 다른 중요한 변수들의 큰 차이를 무시하는 접근이기 때문이다**(grouping older customers into one group is an approach that fails to consider the vast differences in other important variables) 때문이다.

586. Y세대(1978년~1994년 출생자)는 실용적이고 낙관적이며 팀워크가 뛰어나고, 소비에 능숙하며, 성향이 도전적인 편이다(pragmatic, optimistic, good team players, savvy consumers, and edgy in nature). [맞음]

587. 사회학자들은 세대 변화의 계기로 대규모 경제 충격(economic upheaval), 전쟁, 그리고 **사회문화적 혁명**(sociocultural revolution)과 같은 사건을 찾는다.

588. 다음 중 베이비붐 세대에 대한 설명으로 옳은 설명은 다음과 같다: **베이비붐 세대는 자신들이 나이를 먹지 않는다고 생각한다**(the baby boomers think that they don't age).

589. 가장 인구 수가 많은 세대는 침묵하는 세대(silent generation)이다. [**틀림**] ☞ 지금은 Y세대이다.

590. X세대는 흔히 **출산율 저조 세대(baby bust generation)**로 불린다.

591. Katherine은 1970년에 태어났다. 그녀는 환경에 관심이 많고 미디어에 능숙하다(media-savvy). 그녀는 **X세대(generation X)**에 속한다.

592. Cateleya는 2000년대에 태어났다. 그녀는 **Z세대(generation Z)**에 속한다.

593. Catalina는 1940년대에 태어났다. 그녀는 **침묵하는 세대(silent generation)**에 속한다.

B. 성별

594. 치약(toothpaste)은 성별 세분화(gender segmentation)에 적합하지 않다.

595. 면도기는 남녀 모두에게 어필하는 제품의 예인데, 기업들은 **같은 제품 범주라도 성별에 따라 니즈와 원츠가 다르다**(there are different needs and wants for the same product category among different genders)는 것을 알아냈다:

C. 가족 및 가구

596. 가족 및 가구 세분화(family and household segmentation)는 다양한 가족 형태(family arrangements)로 인해 더 복잡해졌다. [맞음]

D. 인종

597. 아프리카계 미국인(African-American) 인종 세분시장은 미국 인구의 약 12%를 차지하며, 빠르게 성장하지는 않고 있다.

598. 미국 인구의 약 17%를 차지하는 **히스패닉/라티노(Hispanics/Latinos)**는 여전히 가장 큰 소수 민족 집단이다.

599. 한때 일부 전문 기업들은 인종에 따라 세분화된 시장을 공략했다. 오늘날에는 **그 세분시장들은 전문화된 제품을 제공하는 주류 기업들의 타겟이 되었다**(the segments have become targets of mainstream businesses that offer specialized products).

E. 소득

600. 다음 중 소득 세분화에 대한 설명으로 올바른 설명은 다음과 같다: **일반적으로 증가되는 범위로 분석된다**(it is usually analyzed in incremental ranges). (고소득자로 갈 수록 분석되는 구간의 범위가 넓어진다는 뜻)

F. 직업

601. 직업(occupational) 세분화는 소비자가 어떤 직업을 가지고 있느냐에 따라 일관된 니즈와 원츠(consistent needs and wants)가 나타날 수 있음을 인식하는 접근이다.

602. 직업 세분화(occupation segmentation)와 소득 세분화(income segmentation)는 본질적으로 동일한 것이다(essentially the same thing). [틀림] ☞ 동일 직업 하에서도 소득이 크게 다를 수 있다.

G. 교육

603. 다른 조건이 모두 동일하다면, **교육**(educational) 세분화는 소비자로부터 기대되는 미래의 보상을 기반으로 제품을 제공하도록 이끌 수 있다.

604. 고등학교 졸업반 학생에게 신용카드를 제공하는 것은 **교육**(educational) 세분화의 사례이다.

H. 사회 계층

605. 사회 계층(social class)은 **계층 간 격차를 줄이는 신용의 보편화(readily available credit flattening the classes)**의 결과로 인해 세분화 방식으로서의 위상이 낮아졌다.

I. 지리인구통계

606. PRIZM이라는 데이터베이스를 사용하는 마케팅 매니저는 **지리-인구통계적(geodemographic)** 세분화에 관심이 있다.

3) 심리도식적 세분화

607. **심리도식적(psychographic)** 세분화는 때때로 라이프스타일 또는 가치관에 따른 세분화(segmentation by lifestyle or values)라고 불린다.

608. VALS를 사용하는 마케팅 매니저는 **심리도식적(psychographic)** 세분화에 관심이 있다.

609. 소비자 시장을 세분화하는 접근 중 하나인 **심리도식적(psychographic)** 세분화는 성격 그리고 AIO(활동, 관심사, 의견)과 같은 소비자 변수(consumer variables)에 기반한다.

610. 다음 중 VALS 프레임워크에 대한 설명으로 옳지 않은 설명은 다음과 같다: **VALS는 신뢰도와 타당성 면에서 일관되게 낮은 증거를 보여주었다**(VALS has shown consistently weak evidence of reliability and validity).

4) 행동적 세분화

611. 행동적(behavioral) 세분화는 고객들을 추구하는 혜택의 유사성(similarities in benefits sought)이나 제품 사용 패턴(product usage patterns)에 따라 그룹으로 나눈다.

612. 추구하는 혜택(benefits sought)에 따른 세분화는 사람들이 구매하는 것을 왜 구매하는 지에 초점을 맞춘다.

613. 많은 마케팅 매니저들에게 있어, 추구하는 혜택에 따른 세분화(segmentation by benefit sought)는 시장 세분화 프로세스(process of market segmentation)를 시작하기에 가장 좋은 출발점이다. [맞음]

614. "오렌지 주스 – 이제는 아침뿐만 아니라 언제든지!" 혹은 "수프는 추운 겨울 아침을 시작하는 맛있는 방법입니다" 같은 메시지를 담은 광고는 **사용 패턴**(usage patterns) 세분화를 사용하는 사례이다.

비즈니스 시장 세분화

615. 비즈니스 시장 세분화(business market segmentation)는 소비자 시장(consumer markets) 세분화보다 덜 단순하다. **[틀림]** ☞ 더 단순하다.

타겟 마케팅

616. 타겟 마케팅의 마지막 단계는 타겟 시장으로 고려 중인 각 세분시장의 프로필을 개발하는 것(to develop profiles of each segment under consideration for investment as a target market)이다. [틀림] ☞ 세분시장 프로파일 개발은 마지막 단계가 아니라 두 번째 단계이다.

1) 세분시장 매력도 분석

617. 시장 세분시장의 매력도를 분석할 때, 가장 중요한 변수에 해당하지 않는 것은 **세분시장의 위치**(location of the segment)이다.

618. 전략적 적합성(strategic fit)이란 타겟 시장이 기업의 문화와 자원 역량(resource capabilities)에 잘 부합한다(good match)는 의미이다. [맞음]

2) 세분시장 프로파일 분석

619. 마케팅 매니저는 각 세분시장의 프로필을 개발하고 우선순위를 매긴다. 그 개발 우선순위의 네 가지 기본 수준에 포함되지 않는 것은 **4차 타겟 시장(quaternary target markets)**이다.

620. 1차(primary) 타겟 시장은 2차(secondary) 및 3차(tertiary) 타겟 시장과 **해당 시장에서 기대되는 투자수익률 수준(expected level of ROI derived from the market)**이라는 면에서 차이를 보인다.

621. 3차 타겟 시장(tertiary target market)은 합리적인 잠재력(reasonable potential)을 가지고 있지만, 즉각적인 개발에는 적절하지 않다. **[틀림]** ☞ 이 설명은 2차 타겟 시장에 대한 것이다.

622. 기업이 단일한 시장 전략을 사용할 때, 이 마케팅 접근은 **비차별적 타겟 마케팅(undifferentiated target marketing)**이라고 불린다.

3) 타겟 마케팅 접근법 결정

623. 차별적 타겟 마케팅(differentiated target marketing)이란 기업이 **서로 다른 타겟 시장에 서로 다른 가치 제안을 개발하는 것**(developing different value offerings for different targeted markets)을 의미한다.

624. 마케팅에서의 차별화(differentiation)란 **고객 그룹마다 다른 방식으로 가치를 알리고 전달하는 것**(communicating and delivering value in different ways to different customer groups)을 의미한다.

625. 집중적 타겟 마케팅(concentrated target marketing)은 종종 **스타트업 기업이 시장에 틈새 플레이어로 진입하기 위해**(start-up firms to enter a market as a focus player) 사용된다.

626. 틈새 전략(niche strategy)은 포터의 포커스 전략과 동일하며, 집중적 타겟 마케팅 접근법(concentrated target marketing approach)에 해당한다. [맞음]

627. 맞춤형(customized = one-to-one) 마케팅은 틈새 전략(niche strategy)이라고도 불리며, 작은 시장의 대부분(a large portion of a small market)을 공략하는 것을 포함한다. **[틀림]** ☞ 맞춤형, 즉 일대일 마케팅은 틈새 전략보다도 더 세분화하여 개인별로 하는 마케팅을 말한다

628. 고객과 매우 밀접한 관계를 형성하여 마치 맞춤형 상품과 서비스(customized goods and services)를 제공하는 것처럼 보이는 기업은 **일대일 마케팅(one-to-one marketing)** 마케팅을 수행하는 것이다.

629. 타겟 마케팅(target marketing)이란, 제품이 제공하는 것(what the product has to offer)과 고객의 욕구 및 필요(needs and wants)를 연결하는 방식으로, 하나 또는 그 이상의 가치 원천(sources of value)을 고객에게 전달하는 것이다. **[틀림]** ☞ 이 설명은 타겟 마케팅이 아니라 포지셔닝에 대한 설명이다.

포지셔닝

630. 포지셔닝 전략은 종종 **포커스 그룹**(focus groups)에서 시작되며, 이는 심화 분석을 위한 속성 집합(set of attributes)을 개발하는 데 도움을 준다.

631. 세분시장을 정의 및 분석하고, 타겟 시장을 선정한 후, 기업은 타겟 시장에 가치를 제공하는 제공물을 만들고, 알리고, 전달하고, 교환하는 데 주의를 돌려야 한다. 이 프로세스는 **포지셔닝**(positioning)이라고 불린다.

632. 효과적인 포지셔닝은 경쟁적 요인(competitive forces)의 영향을 받지 않는다. **[틀림]** ☞ 포지셔닝은 경쟁 내에서 이루어지기 때문에 경쟁적 요인이 매우 중요하다.

633. 지각도(perceptual map)는 특정한 쌍의 속성에 대해(against specific paired attributes) 각 경쟁자들이 얼마나 잘 전달하고 있는지에 대해 소비자의 지각(consumer perceptions)을 비교하는 데 사용된다. **[맞음]**

634. 다음 중 리포지셔닝(repositioning)에 대한 옳은 설명은 다음과 같다: **현재의 소비자 지각을 바꾸기 위해 필요한 마케팅 믹스 접근을 이해하는 것이다**(it involves understanding the marketing mix approach necessary to change present consumer perceptions of the product).

635. 그 지역 샌드위치 가게는 항상 칼로리가 높은 샌드위치를 판매해 왔고, 최근 건강을 의식하는 고객들에게 어필하기 위해 채소와 저칼로리 고기 및 치즈를 특징으로 하는 여섯 가지 새로운 샌드위치를 도입했다. 그 샌드위치 가게는 **리포지셔닝**(repositioning) 전략을 추구하고 있다.

차별화의 원천

636. 어떤 회사가 끊임없이 "다음의 새로운 것(next new thing)"을 개발하려고 한다면, 그것은 차별화의 원천으로서 **혁신적(innovative)** 리더십을 구축하려는 것이다.

637. Marcia는 10년 동안 탈 수 있는 차를 원했고, Toyota가 신뢰성과 내구성으로 유명해서 도요타를 샀다. 이 사례는 차별화의 원천으로서의 제품 리더십(product leadership)을 잘 보여준다. [맞음]

638. Michael은 오직 Harley Davidson만이 진정한 오토바이라고 믿는다. 그는 그 로고만 봐도 시장을 선도하는 제품이라고 생각한다. Harley Davidson이 달성한 차별화의 원천은 **이미지(image)**이다.

639. Harold는 식료품을 대부분 Aldi에서 산다. 가장 저렴하지만, 직접 장바구니를 챙기고 포장도 해야 하기 때문이다. Aldi는 **가격(price)** 리더십을 보여준다.

640. 어떤 회사가 자사의 제품이나 서비스를 경쟁사보다 훨씬 더 쉽게 구매할 수 있도록 하려는 경우, 이는 **편의성(convenience)** 리더십을 차별화의 원천(source of differentiation)으로 추구하는 것이다.

641. Pamela는 Lexis에서 차를 샀는데, 그 이유는 그들이 차량을 픽업하고 다시 가져다주는 방식으로 정비를 매우 간편하게 해줬기 때문이다. Lexis는 **서비스(service)** 리더십을 보여준다.

642. Millie는 Embassy Suites보다 Omni Hotel에 머무는 것을 선호한다. 왜냐하면 Omni는 고급 침구, 고급 가운, 고급 세면도구를 모든 고객에게 제공한다는 것을 알고 있기 때문이다. Millie의 결정에 영향을 준 차별화 요인(differentiation factor)은 **서비스(service)**이다.

643. 회사가 유능하고, 신뢰할 수 있으며, 공손하고, 신뢰감 있고, 반응이 빠르며, 명확하게 소통할 수 있는(competent, reliable, courteous, credible, responsive, and able to communicate clearly) 직원을 채용할 때, 그 회사는 차별화의 원천으로서 **직원(personnel)** 리더십을 달성한다.

포지셔닝 오류

644. 포지셔닝 오류(positioning errors)의 맥락에서, 소비자들이 회사와 제품에 대해 막연한 아이디어만 가지고 있고, 실질적인 차별화를 지각하지 못하는 경우를 **언더포지셔닝(underpositioning)**이라고 한다.

645. HerboCare는 허브 비누를 판매하는 회사인데, 소비자들이 HerboCare의 비누가 시장에 있는 다른 허브 비누와 어떻게 다른지 혹은 더 나은지를 이해하지 못해 매출이 증가하지 않았다. 이 경우, HerboCare는 **언더포지셔닝(underpositioning)**이라는 포지셔닝 오류(positioning error)를 겪고 있다.

646. NovoTech은 PC 제조업체이며 대부분의 수익을 소비자 대상 PC 판매에서 얻고 있다. 하지만 태블릿이나 스마트폰과 같은 유망한 제품군으로 브랜드 확장에는 어려움을 겪고 있다. 이 경우, NovoTech은 **오버포지셔닝(overpositioning)**이라는 오류를 겪고 있다.

647. 오버포지셔닝(overpositioning)의 경우, 소비자들은 회사, 제품 또는 브랜드에 대해 매우 광범위한 이해(broad understanding)를 갖고 있다. **[틀림]** ☞ 오버포지셔닝 즉 과도한 포지셔닝은 브랜드가 너무 좁고 강하게 포지셔닝 되어 있는 것을 말한다.

648. McDonald's는 1990년대에 너무 많은 신제품을 도입하여 소비자들이 브랜드의 핵심이 무엇인지 갈피를 잡지 못했고, 그 결과 혼란스런 포지셔닝(confused positioning)의 피해를 입었다. [맞음]

649. 1970년대 Michelob 맥주는 "Michelob을 위한 주말(weekends were made for Michelob)," "평일에도 주말처럼(put a little weekend into your weekday)," "특별한 순간에는 특별한 맥주(special times deserve a special beer)" 등의 광고 문구를 자주 바꾸었고, 소비자들은 Michelob을 언제 마셔야 할지 혼란스러워하며 매출이 급감했다. Michelob이 겪은 포지셔닝 오류는 **혼란스런 포지셔닝(confused positioning)**이다.

650. 포지셔닝 오류(positioning errors)의 맥락에서, 제품이나 브랜드에 대한 주장이 소비자에게 신뢰받지 못할(not regarded as credible) 때 이를 **의심스런 포지셔닝(doubtful positioning)**이라고 한다.

651. 비윤리적인 비즈니스 관행(unethical business practices)에 연루된 기업은 자사 브랜드에 가해지는 피해의 규모를 항상 인지하고 있다. [틀림] ☞ 피해의 규모를 제대로 인식하지 못하고 있다.

Domain 5.

THE OFFERING: PRODUCT AND SERVICE

제공물: 제품과 서비스

제품의 개념

652. 마케팅 및 조직 전체의 주된 기능은 더 넓은 맥락에서 볼 때 고객에게 가치를 전달하는 것(deliver value to the customer)이다.

653. 가치를 전달하는 데 있어 핵심 요소(essential component in delivering value)는 제품의 가격(price)이다. [틀림] ☞ 가치를 전달하는 데 있어 핵심 요소는 제품 경험이다.

654. 제품 자체에 문제가 있어도(when the product is wrong), 뛰어난 마케팅 커뮤니케이션과 정교한 가격 전략으로 그 문제를 해결할(correct the problems) 수 있다. [틀림] ☞ "제품이 잘못되었을 경우, 아무리 마케팅 커뮤니케이션을 잘하더라도, 아무리 물류 전문성이나 가격 책정 능력이 뛰어나더라도 그 제품이 성공할 수는 없다."

655. 최초의 PDA인 애플 뉴턴(apple newton)의 실패는 기술적으로 가장 뛰어난 제품이 반드시 가장 성공적인 제품은 아니(the best product technically is not always the most successful product)라는 사실을 강조한다.

656. 서로 다른 타겟 시장은 동일한 제품을 완전히 다르게(completely different ways) 볼 것이다. [맞음]

657. 제품(product)이란 욕구나 필요를 충족시키기 위해 가치를 전달하는 모든 것으로, 물리적 상품, 서비스, 이벤트, 사람, 장소, 조직, 정보, 심지어 아이디어까지 포함된다.

658. SKU(stock-keeping unit)는 소비자의 집에서 제품을 추적하기 위해 사용되는 고유 식별 번호(unique identification number)이다. [틀림] ☞ SKU는 가정용이 아니라 유통, 재고관리, 가격 책정 등에서 사용된다.

제품의 계층 구조

659. 본질적 혜택(essential benefit)이란 제품이 충족하는 근본적인 니드(fundamental need)이다. [맞음]

660. 제품 특성(product characteristics)의 맥락에서, 기업은 본질적 혜택(essential benefit)을 물리적이고 구체적인 요소로 전환하며, 이를 **핵심(core)** 제품이라 한다.

661. **향상된(enhanced)** 제품은 핵심 제품을 확장하여 고객의 기대를 뛰어넘는 추가 기능, 디자인, 혁신 등을 포함한다.

제품의 분류

1) 유형성에 따른 분류

662. 제품 분류의 맥락에서, 유형성(tangibility)이란 **제품의 물리적인 측면(physical aspects of a product)**을 의미한다.

663. 오늘날 많은 유형의 제품은 구매 전후 고객 만족도에 영향을 미치는 요소들을 포함한다. 이러한 유형적 요소를 보완하는 요소들을 **무형적 특성(intangible characteristics)**이라고 한다.

2) 소비재의 분류

664. 자주 구매되며 상대적으로 저렴하고, 소비자가 새로운 정보를 찾기보다는 과거의 구매 경험에 크게 의존하는 제품을 **편의(convenience)** 제품이라고 한다.

665. 소비자가 색상, 크기, 기능, 가격 등의 다양한 제품 특성을 비교하고 리서치 한 후 구매하는 제품은 **쇼핑 제품(shopping goods)**이라고 한다.

666. 옷, 가구, 냉장고나 식기세척기 같은 주요 가전제품은 **쇼핑(shopping)** 제품의 사례이다.

667. **쇼핑(shopping)** 제품은 소비자가 특정한 실제 또는 인지된 특성에 기반해 구매하는 독특한 제품으로, 예를 들어 애플 아이폰의 쉬운 사용자 인터페이스와 같은 특성이 있다.

668. 비탐색 제품(unsought goods)은 일반적으로 소비자가 **절대 구매하지 않으려는(would rather not purchase at all)** 제품으로 분류된다.

제품 차별화의 원천

669. 기업은 종종 기능을 통해 경쟁사와의 차별화를 꾀하지만, 고객이 원하는 기능(features customers want)과 **고객이 지불할 의사가 있는 것**(what customers will pay) 사이에서 균형을 맞춰야 한다.

670. 소비자에게 중요한 이슈 중 하나는 '부합성(conformance)'이며, 이는 제품이 **마케팅 커뮤니케이션에서 약속한 기능과 성능을 충실히 제공하는**(deliver on features and performance characteristics promised in marketing communications) 능력을 의미한다.

671. 신뢰성(reliability)은 제품이 마케팅 커뮤니케이션에서 약속한 기능과 성능 특성을 충실히 제공하는 능력이다. **[틀림]** ☞ 이는 신뢰성이 아니라 부합성(conformance)에 대한 설명이다.

672. 어떤 회사가 제품의 예상 수명이 특정 작동 조건에서 높다는 것을 보여줄 수 있을 때, 그것은 **내구성(durability)**을 제품 차별화 요소(product discriminator)로 사용하는 것이다.

673. Chevrolet Corvette과 같은 고급 자동차는 타이어가 손상된 후에도 운전이 가능하도록 하는 타이어를 제공한다. 이것은 Corvette이 스타일(style)을 제품 차별화 요소(product discriminator)로 사용하는 사례이다. [틀림] ☞ 문제에서 말하고 있는 특성은 스타일이 아니라 수리 용이성에 대한 것이다.

674. 스타일(style)을 제품 차별화 요소(product discriminator)로 사용할 때의 단점 중 하나는 소비자의 취향이 시간이 지나면서 바뀌고, 한때 세련되어 보였던 것이 빠르게 매력을 잃을 수 있다는 것이다. [맞음]

675. 다른 어떤 제품 차별화 요소(product discriminator)보다도, 스타일은 기업에게 **경쟁사가 모방하기 어렵다(difficult for competition to copy)**는 장점을 가진다.

676. 다른 차별화 요소(product discriminator)보다 스타일(style)은 모방하기 어렵다는 단점을 가진다. [틀림] ☞ 모방하기 어렵다는 점은 스타일이라는 차별화 요소를 갖고 있는 회사 입장에서 볼 때 단점이라기보다는 장점이다.

제품 라인과 제품 믹스

677. 제품 **라인(line)**이란 사용 방식, 고객 프로필, 가격대, 유통 채널(usage, customer profile, price points, and distribution channels) 등을 기준으로 연결된 제품들의 집합을 말한다.

678. Barbara's Bakery에서는 맞춤형 케이크, 쿠키, 기타 페이스트리를 판매한다. 이것들은 Barbara's Bakery의 제품 라인(product line)을 구성한다. [맞음]

679. 기업이 제품 라인에 너무 적은 제품만 제공할 경우, **중요한 시장 기회를 놓치는 것**(missing important market opportunities)의 위험을 감수하게 된다.

680. 한 회사가 제공하는 모든 제품을 합친 것을 제품 **믹스(mix)**라 한다.

제품 수명 주기

681. 제품 수명 주기(PLC)는 제품의 생애를 네 가지 기본 단계로 정의하는데, 그 단계는 **도입기, 성장기, 성숙기, 쇠퇴기**(introduction, growth, maturity, and decline)이다.

682. 제품 수명 주기(PLC)는 도입기, 성장기, 성숙기, 지연기(introduction, growth, maturity, and delay)라는 네 가지 기본 단계를 포함한다. **[틀림]** ☞ 지연기는 없다. 쇠퇴기가 맞다.

683. 다음 중 제품 수명 주기의 단계가 아닌 것은 **축소기**(retrenchment)이다.

684. 제품 수명 주기(product life cycle :PLC)는 일반적으로 제품 범주가 아니라 개별 제품 품목(item)을 대상으로 한다. **[틀림]** ☞ 제품 품목이 아니라 제품 카테고리를 대상으로 한다.

1) 도입기

685. 산업 차원에서의 제품 수명 주기(product life cycle) 도입기는 일반적으로 **수익 없음(no profits)**의 특징을 가진다.

686. 제품 수명 주기(PLC)의 도입기에서의 목표는 **시장 인지도를 높이고 첫 구매를 유도하는 것(build market awareness for the product leading to trial purchase)**이다.

687. 타겟 고객에게 제품의 장점과 특성에 대해 알리고 교육하는 것은 제품 수명 주기(product life cycle)의 **도입기(introduction)**에 해당하는 커뮤니케이션 전략의 일부이다.

2) 성장기

688. 제품 수명 주기(PLC)의 성장기에서 핵심 마케팅 목표는 **신규 경쟁자들의 제품과 차별화하는 것(differentiate the product from those of new competitors)**이다.

689. 매출이 가장 극적으로 증가하는 시점은 제품 수명 주기(product life cycle)의 **성장기(growth)**이다.

3) 성숙기

690. 제품 수명 주기(plc)의 **성숙기(maturity)**에서는 매출이 계속 증가하지만 증가율은 점차 둔화된다.

691. 제품 수명 주기의 성숙기에서는 **매출이 증가하지만 성장기보다 증가율은 낮다**(sales grow, but at a rate lower than the growth stage).

692. 제품 수명 주기의 성숙기에서 주요 타겟 소비자는 **다수 수용자들(majority adopters)**이다.

693. 제품 수명 주기(product life cycle)의 성숙기(maturing phase)에서의 타겟 소비자는 혁신가(innovators)와 초기 수용자(early adopters) 이다. **[틀림]** ☞ 성숙기의 타겟 소비자는 다수 수용자이다.

4) 쇠퇴기

694. 제품 수명 주기의 쇠퇴기에서는 **유통 채널 멤버들이 제품 지원을 중단한다**(channel members cease to support the product).

695. 다음 중 제품 수명 주기의 쇠퇴기를 특징짓는 설명은 다음과 같다: **경쟁자와 소비자로부터 심각한 가격 압박이 발생한다**(significant price pressures come from competitors and consumers).

새로움이란

1) 기업 관점의 새로움

696. 데스크톱 컴퓨터, 휴대전화, 태블릿 컴퓨터는 단절적 혁신(disruptive innovations)이라고 간주되는 "세상 첫 제품(new-to-the-world products)"의 사례이다. [맞음]

697. 세상에 처음 등장한 제품으로 시장에 근본적인 변화를 일으키는 제품은 **파괴적 혁신(disruptive innovations)**이라고 불린다.

698. '세상에 처음 등장한 제품(new-to-the-world)'이란 **시장에 도입되기 전에는 존재하지 않았던 (have not been available before their introduction to the market)** 제품을 말한다.

699. "세상 첫 제품(new-to-the-world product)"이 기존 고객을 주 대상으로 하면서 더 나은, 더 빠른 버전으로 출시된 경우, 이러한 제품을 **지속적 혁신(sustaining innovations)**이라고 부른다.

700. 제품이 개발되어 시장에 출시된 이후, 기업은 **기존 제품 라인에 새로운 제품을 추가함으로써(creating additions to existing product lines)** 제품을 확장할(extend) 수 있다:

701. 휴대폰과 같은 제품이 직장 여성과 엄마들을 위한 안전 장치로 홍보될 때, 이는 "새로운" 시장을 찾는 한 가지 방법으로서 **기존 제품을 다른 고객 세분시장을 겨냥하여 리포지셔닝 하는 것**(reposition the existing products targeting different customer segments)을 보여준다.

2) 고객 관점의 새로움

702. 고객은 기업과는 매우 다르게 신제품(new products)을 바라본다. 고객은 제품이 **그들 자신에게 새로울 때(new to them)** 경우에만 관심을 가진다.

신제품 개발 프로세스

703. 신제품 개발(new-product development)의 세 가지 주요 활동은 (1) 새로운 아이디어를 생성하고(generate new ideas), (2) 아이디어를 선별 및 평가하고(screen and evaluate ideas), (3) 제품 개념을 정의하고 테스트하는(define and test product concept) 것이다. **[틀림]** ☞ 신제품 개발 단계를 세 개로 크게 나누면 1) 제품 기회 파악(identify product opportunities) 2) 제품 기회 정의(define the product opportunity) 3) 제품 기회 개발(develop the product opportunity)이다.

1) 1단계: 새로운 아이디어 만들기

704. 신제품 개발 프로세스(new-product development process)의 첫 번째 단계는 **신제품 아이디어를 생성하는 것(generate new-product ideas)**이다.

705. 제품 아이디어를 생성하는(generating product ideas) 내부 소스(internal sources)에는 **회사 영업사원(company salespeople)**이 포함된다.

706. 제품 아이디어를 생성하는(generating product ideas) 외부 소스(external sources)에는 **고객(customers)**이 포함된다.

707. 많은 조직들은 신제품 아이디어(new-product ideas)를 발굴하기 위한 전국적인 영업망을 운영할 자원이 없다. 그래서 이들은 종종 고객과 회사 사이의 연결고리로서 **유통업체(distributors)**를 사용한다.

2) 2단계: 아이디어 거르고 평가

708. 아이디어를 선별하고 평가하는(screening and evaluating ideas) 프로세스에서 발생하는 시장 진입 실수(go-to-market mistake)는 **나쁜 제품 아이디어가 제품 개발 단계까지 진행될(a company fails to stop a bad product idea from moving into product development)** 때 발생한다.

709. 아이디어를 선별하고 평가하는(screening and evaluating ideas) 프로세스에서 발생하는 시장 중단(stop-to-market) 실수는 **좋은 아이디어가 너무 일찍 폐기될(a good idea is prematurely eliminated during the screening process)** 때 발생한다.

710. 시장 진입 실수(go-to-market mistake)는 좋은 아이디어가 선별 프로세스(screening process)에서 너무 일찍 폐기될 때 발생한다. **[틀림]** ☞ 시장 진입 실수는 시장에 진입하지 말아야 할 제품이 진입하는 실수를 말한다.

711. 제품 아이디어의 우선순위를 정할(prioritize product ideas) 때 사용하는 기준의 맥락에서, '시장 출시 시간(time to market)'은 제품을 **개발하고 시장에 출시하는(develop and get the product to market)** 데 걸리는 시간을 의미한다.

3) 3단계: 제품 컨셉 정의 및 테스트

4) 4단계: 시장 전략 만들기

5) 5단계: 비즈니스 케이스 분석

712. 비즈니스 사례 분석(business case analysis)은 제품에 대한 전반적인 평가(overall evaluation of a product)이며, 일반적으로 해당 제품의 성공 가능성(probability of success)을 평가한다. [맞음]

713. 제품에 대한 전반적인 평가(overall evaluation)이며, 일반적으로 해당 제품의 성공 가능성(product's probability of success)을 평가하는 것은 **비즈니스 케이스 분석(business case analysis)**이다.

A. 총 수요 분석

714. 총 수요 예측은 세 가지의 별개의 구매 상황 — 즉 **신규, 반복, 교체**(new, repeat, and replacement) 구매—를 기반으로 수행된다.

715. 신제품에 대한 최초의 구매는 **첫**(trial) 구매라고 불린다.

716. 동일한 고객이 여러 번 제품을 구매하는 것을 반복 구매(repeat purchases)라고 한다. [맞음]

6) 6단계: 제품 개발

A. 제품 개발

B. 제품 테스팅

717. 제품 테스팅에서, 물리적 특성과 기능(physical characteristics and features) 같은 제품의 기본적인 작동성(operationalization)을 확인하는 데 도움이 되는 테스팅은 **알파 테스팅(alpha testing)**이다.

718. 제품 테스트의 맥락에서, 베타 테스트(beta testing)는 **고객이 프로토타입을 평가하고 피드백을 제공하도록 유도하는 것**(encourage customers to evaluate and provide feedback on a prototype)을 목적으로 설계된다.

7) 7단계: 시장 테스트

719. 신제품에 대한 시장 테스트(market testing)는 시간이 오래 걸릴 수 있으며, 이는 **경쟁사가 제품 출시를 대응하기 위한 마케팅 전략을 개발할 수 있다는**(competitors being able to develop marketing strategies to counter a product launch) 결과를 초래할 수 있다.

720. 기업 시장(B2B)을 위한 제품의 경우, 시장 테스트(market testing)는 (소비자 시장에 비해) **규모가 작고 더 적은 사람 및 기업이 참여한다**(smaller in scope and involves fewer individuals and companies).

A. 시장 테스트의 의사결정 사항

721. 제품(product)은 소비재 시장 테스트(market tests)를 설계할 때 내려야 할 주요 결정사항에 포함되지 않는다.

8) 8단계: 제품 런칭

소비자 수용 프로세스

722. 신제품이 받아들여지는(become accepted) 비율을 일컫는 것은 **수용(adoption)** 프로세스이다.

723. 개인이 제품을 수용하기 전에는 인지, 주목, 시도, 테스트, 피드백(awareness, notice, trial, testing, and feedback)의 다섯 단계를 거친다. **[틀림]** ☞ 제품이 개인에게 수용되는 프로세스는 다음과 같다: 인지(awareness), 관심(interest), 평가(evaluation), 첫구매(trial), 수용(adoption)

724. 개인이 제품을 수용하기 전(before adopting a product)에는 다섯 단계를 거친다. 이 다섯 단계에 해당하지 않는 것은 **검증(validation)**이다.

725. 개인이 제품을 수용하기 전(before adopting a product)의 단계 중 '인지(awareness)' 단계에서 소비자는 **제품을 알지만, 수용 프로세스를 진행할 만큼의 정보는 갖고 있지 않다**(know of the product, but have insufficient information to move forward through the adoption process).

726. 개인이 제품을 수용하기 전(before adopting a product) 단계 중 '관심(interest)' 단계에서 소비자는 **더 면밀히 평가하기 위해 제품에 대한 추가 정보를 찾는다**(seek out added information about a product for further evaluation).

727. 제품 런칭 마케팅 계획(product launch marketing plan)의 핵심은 **첫 구매(trial purchase)**이며, 일단 소비자가 한 번 사용해 보게 만들면(use the product once) 뛰어난 디자인, 기능, 가치로 그들을 사로잡을 수 있다.

728. 첫 구매(trial purchase)는 제품 런칭 마케팅 계획(product launch marketing plan)의 핵심(focus)이다. [맞음]

729. 한 개인이 가치 판단(value decision)을 위해 제품을 구매하고 있다. 이 사람은 제품 수용 프로세스(product adoption process)의 **첫 구매(trial)** 단계에 있다.

730. 제품 수용 프로세스(product adoption process)의 '평가(evaluation)' 단계에서 소비자는 **모든 정보를 종합하여 첫 구매를 할지 말지 정하기 위해 제품을 평가한다**(combine all information and assess the product for trial purchase).

731. 소비자가 신뢰할 수 있는 사용자(dependable user)가 되고자 하는 의도로 제품을 구매하는 단계는 **수용(adoption)**이다.

혁신 확산 프로세스

732. 혁신 확산 프로세스(innovation diffusion process)는 제품이 **첫 구매에서 마지막 구매까지(first purchase to last purchase)** 이동하는 데 걸리는 시간이다.

733. 타겟 시장의 모든 사람은 혁신을 받아들이는 의지(willingness to try the innovation)에 따라 다섯 그룹 중 하나에 속한다. 이 그룹은 혁신자, 초기 수용자, 초기 다수자, 후기 다수자, 지체 수용자(innovators, early adopters, early majority, late majority, and laggards)이다. [맞음]

734. 혁신자(innovators) 그룹은 베타 테스트(beta testing)의 주요 후보이며, 제품 개발 후기나 제품 출시 초기 단계에서 피드백을 제공하는 좋은 소스이다.

735. 혁신자(innovators)는 신제품을 가장 먼저 시도하고 마스터하는 것을 즐기는(being the first to try and master a new product) 제품 열성파(product enthusiasts)이다.

736. 초기 수용자(early adopters)는 신제품을 찾지만 가격에 민감한 '제품 관찰자(product watcher)'이다. [틀림] ☞ 이 설명은 초기 수용자가 아니라 초기 다수자(early majorities)에 대한 것이다.

737. 다섯 개의 수용자(adopters) 그룹 중 장기적인 성공에 가장 중요한 그룹은 **초기 다수자(early majorities)**이다.

738. 후기 다수자(late majority)는 가격에 민감(price-sensitive)하고 위험을 꺼리는(risk-averse) 제품 추종자(product followers)이다. [맞음]

739. 낮은 가격과 적은 기능을 가진 구형 모델을 구매하는 제품 추종자(product followers)는 **후기 다수자(the late majority)**라 불린다.

740. 다섯 수용자 그룹 중 가능하면 수용을 늦추려는 제품 회피자(product avoiders)는 **지체 수용자(laggards)**라 불린다.

741. 다음 중 수용자(adopters) 5가지 집단 가운데 '지체 수용자(laggards)'에 해당하는 사람들은 **다른 선택지가 완전히 사라질 때까지 구매를 미루는 사람들(put off purchasing until there is no other option)**이다.

브랜드 개념

742. 미국마케팅협회(AMA)의 정의에 따르면, **브랜드(brand)**는 한 판매자의 제품이나 서비스를 다른 판매자의 것과 구별되도록 만드는 이름, 문구, 디자인, 심볼, 또는 그 외 기타 요소(a name, term, design, symbol, or any other feature)를 말한다.

743. 좋은 브랜딩 전략은 제품이 가치 제안(value proposition)을 충족하지 못하더라도 브랜드 이미지를 주입함으로써(by infusing it with the brand image) 그 한계를 극복할 수 있다. **[틀림]** ☞ 제대로 된 가치를 전달하지 못하는 제품은 아무리 좋은 브랜드 전략으로도 성공하기 어려울 것이다.

브랜드의 역할

1) 고객 브랜드 역할

744. 고객의 브랜드 역할(customer brand roles) 세 가지에는 제품에 대한 정보 전달(conveying information about a product), 제품에 대한 고객 교육(educating the customer about the product), 구매 결정에 대한 고객 안심(reassuring the customer in the purchase decision)이 포함된다. [맞음]

745. 고객의 브랜드 역할에 해당하는 것은 다음과 같다: **브랜드는 트레이드마크(상표)를 통해 제품에 대한 법적 보호를 제공한다(brands offer legal protection for a product through a trademark)**

746. 고객이 McDougal's 식당의 로고를 보면, 빠르게 제공되는 음식과 깔끔하고 가족 친화적인 환경을 떠올린다. 이 때의 고객 브랜드 역할(customer brand role)은 **제품에 대한 정보 전달(conveying information about a product)**이다.

747. Sorios Lawn Service의 주인은 큰 비용이 드는 잔디깎이 기계를 구입하려고 한다. 그 기계가 신뢰성과 훌륭한 고객 서비스로 명성이 있는 Dixie Chopper 제품이라는 점에서 안심하고 구매 결정을 내렸다. 이 때의 고객 브랜드 역할(customer brand role)은 **구매 결정에 대한 고객 안심 제공(helping reassure the customer in the purchase decision)**이다.

2) 회사 브랜드 역할

748. 브랜드는 제조나 제품 디자인에서 특허 가능한 아이디어(patentable ideas)와 같은 핵심 제품 요소(essential product elements)를 회사가 방어할 수 있도록 허용하지 않는다. [틀림] ☞ 브랜드는 이를 가능하게 해 준다.

749. 경쟁사가 Max Corp.의 로고를 광고에서 폄하하는 방식으로 사용했을 때, Max Corp.는 상표(trademark) 침해로 소송을 제기했고 승소했다. 이는 회사 브랜드 역할(company brand role) 중 **제품에 대한 법적 보호 제공(offering legal protection for a product)**을 나타낸다.

750. 다음 중 회사 브랜드 역할(company's brand role)에 해당하는 것은 **제품 분류를 위한 효과적이고 효율적인 방법 제공(offering an effective and efficient methodology for categorizing products)**이다.

751. Sony는 다양한 전자제품군에서 매우 많은 제품을 보유하고 있기 때문에, 경영진은 각 제품군을 브랜드별로 구분하는 것이 도움이 된다고 판단했다. 그래서 TV, DVD 플레이어, 휴대용 음악 재생기에는 각각 다른 브랜드명을 사용하고 있다. 이 사례는 회사 브랜드 역할(company's brand role) 중 **제품을 분류하는 효과적이고 효율적인 방법 제공(offering an effective and efficient methodology for categorizing products)**에 해당한다.

3) 경쟁자 브랜드 역할

752. 시장에서 강력한 시장 선도 브랜드(market-leading brands)가 존재하는 산업에서는, 경쟁사들이 그 시장 리더(market leader)를 겨냥하여 제품을 설계하고 제작한다. [맞음]

브랜드 에쿼티

753. 브랜드 자산(brand equity)의 가장 기본적인 형태는 **브랜드 인지(brand awareness)**이다.

754. NK Medical Equipment의 MRI 및 CT 스캔 장비는 브랜드 에쿼티를 개발해오고 있다. 이제 방사선과 의사들과 병원 구매 담당자들은 NK 장비의 이름만 들어도 "들어본 적 있다"며 관심을 보인다. 이는 브랜드에 대한 익숙함과 잠재적 신뢰를 나타낸다. 이 경우, NK가 달성한 브랜드 에쿼티(brand equity)의 차원은 **브랜드 인지(brand awareness)**이다.

1) 브랜드 에쿼티의 5대 차원

A. 브랜드 로열티

755. 반복 구매(repeat purchases)에 대한 강한 의지를 반영하는 브랜드 자산의 가장 강력한 형태는 브랜드 연상(brand association)이다. **[틀림]** ☞ 브랜드 연상이 아니라 브랜드 로열티(brand loyalty)이다.

756. 브랜드에 충성하는 고객(brand-loyal customers)은 브랜드 관련 문제에 덜 관대하기(less forgiving) 때문에 부정적인 경험에 대응하기가 더 어렵다. **[틀림]** ☞ 브랜드에 충성하는 고객은 실망스러운 경험이 있어도 더 관대하다.

757. Gerry는 항상 S&G Clothing의 옷만 구매한다. 그는 S&G의 품질과 브랜드에 대해 다른 사람에게도 칭찬하고, 결함 있는 셔츠를 샀을 때에도 회사를 떠나지 않고 문제 해결 기회를 주었다. 이 사례에서 Gerry가 보여주는 브랜드 에쿼티(brand equity)의 차원은 **브랜드 로열티(brand loyalty)**이다.

758. 브랜드가 붙지 않은 제품(unbranded products)은 브랜드가 붙은 제품(branded products)에 비해 고객이 품질을 추정하여 구매 결정을 더 쉽게 내릴 수 있다는 장점이 있다. **[틀림]** ☞ 반대로 말해야 맞음.

B. 지각된 품질

759. 브랜드의 지각된 품질(perceived quality of a brand)은 제품 범위 확장(extend the product range), 프리미엄 가격 설정 기회(price premium opportunity), 시장 내 차별화(differentiator in the market) 등을 가능하게 한다. [맞음]

760. Maytag의 가전제품이 신뢰성과 내구성이 뛰어나다(being reliable and durable)는 평판을 가지고 있기 때문에, John은 다른 브랜드보다 비싸더라도 Maytag 세탁기를 구입하기로 결정했다. 이 사례는 브랜드 에쿼티(brand equity)의 차원 중 **지각된 품질(perceived quality)**을 보여준다.

761. 내셔널 브랜드(national brand) 진통제와 스토어 브랜드(store brand) 진통제가 각각 동일한 양의 이부프로펜을 캡슐 당 포함하고 있고, 둘 다 겔 코팅이 되어 있음에도 불구하고, Cho는 브랜드 이름만 보고 내셔널 브랜드 제품이 더 효과가 있을 거라 생각해 그것을 선택한다. 이 사례는 브랜드 에쿼티(brand equity)의 **지각된 품질(perceived quality)** 차원을 보여준다.

762. Paedro's Pasta는 건조 파스타 시장에서 식감과 맛으로 강한 브랜드 명성(strong brand name)을 구축해왔다. 이 강한 브랜드 덕분에 같은 브랜드 이름으로 성공적인 소스 제품 라인도 출시할 수 있었다. 이 사례는 브랜드 에쿼티(brand equity)의 **지각된 품질(perceived quality)**이라는 차원을 보여준다.

763. DBM Beverages는 훌륭한 맛과 에너지 증진 효과로 유명하기 때문에 자사 제품에 대해 프리미엄 가격을 책정할 수 있다. 이 사례는 브랜드 에쿼티(brand equity)의 **지각된 품질(perceived quality)**이라는 차원을 보여준다.

764. Hiroaki는 유명 브랜드의 자전거를 브랜드가 붙지 않은(unbranded) 다른 동등한 품질의 자전거들을 고려조차 하지 않고 구매했다. 이는 브랜드 제품이 브랜드가 붙지 않은 제품에 비해 갖는 **지각된 품질(perceived quality)**이라는 강점을 보여준다.

C. 브랜드 연상

765. 브랜드 **연상(association)**을 통해 고객은 브랜드와 정서적, 성능적, 심리적인(emotional, performance, and psychological) 다양한 연결(connections)을 형성한다.

766. Jose는 Farm Fresh 아이스크림 가게에 여러 번 방문했다. 충성 고객(loyal customer)으로서 그는 이 브랜드에 대해 정서적, 심리적 연결(emotional and psychological connections)을 형성했다. 예를 들어 그는 이 브랜드를 높은 수준의 고객 서비스와 연관 짓는다. 이 사례는 브랜드 에쿼티(brand equity)의 **브랜드 연상(brand association)**이라는 차원을 보여준다.

767. Maria는 세제를 살 때 Tide에 대해서는 정보를 쉽게 떠올리고 처리할 수 있지만, 다른 브랜드에 대해서는 그렇지 않다. 이 사례는 고객에게 있어 브랜드 에쿼티(brand equity) 혜택(benefit) 중 **브랜드 연상(brand associations)**을 나타낸다.

D. 브랜드 자산

768. 제품의 상표(trademark)는 브랜드 자산(brand asset)이다. [맞음]

769. KFC는 자사의 "7가지 허브와 향신료" 레시피를 매우 중요하게 여기며, 경쟁사 대비 상당한 경쟁 우위를 제공한다고 보고 있다. 이 회사는 해당 특허 레시피를 보호하기 위해 가능한 모든 법적 수단을 동원한다. 이 사례는 브랜드 에쿼티(brand equity) 차원 중 **브랜드 자산(brand assets)**을 나타낸다.

브랜드 에쿼티의 혜택

770. 높은 브랜드 에쿼티(brand equity)가 주는 세 가지 이점은 지각된 품질, 브랜드 연결, 브랜드 로열티(perceived quality, brand connections, and brand loyalty)이다. [맞음]

771. 브랜드 연결(brand connections)이 브랜드 스폰서(brand sponsor)에게 주는 주요 이점은, 브랜드 인지도가 부족한 소규모 기업 등 잠재 경쟁자들에게 진입 장벽을 제공(barrier to entry for potential competitors)한다는 것이다. [맞음]

772. Z 브랜드는 소형 가전 시장의 선도자이며, 해당 카테고리에서 가장 강력한 브랜드이고 고객들이 이 브랜드와 자신을 동일시한다. 브랜드의 강력함 때문에 다른 경쟁자들이 시장 진입에 어려움을 겪고 있다. 이 사례는 브랜드 스폰서 입장에서 본 브랜드 에쿼티(brand equity)의 혜택(benefit) 중 **브랜드 연결(brand connections)**을 나타낸다.

773. Courtney는 항상 코카콜라 제품을 선호한다. 코카콜라보다 저렴한 다른 음료가 있어도 고려하지 않는다. 이 사례는 고객 입장에서 본 브랜드 에쿼티(brand equity)의 혜택(benefit) 중 **브랜드 로열티(brand loyalty)**를 보여준다.

774. 인텔은 대부분의 사람들이 직접 볼 수 없는 제품을 만든다. 하지만 막대한 비용을 들여 브랜드를 구축해 지금은 사람들이 "Intel Inside"를 요구한다. 이 사례는 어떤 브랜드 에쿼티(brand equity)의 혜택(benefit) 중 **브랜드 로열티(brand loyalty)**라는 마케팅 전략에 연결한 것이다.

775. 브랜드 스폰서 입장에서의 주요 장점 중 하나는, 로열티가 유명한 후원 브랜드(well-known sponsor brand)에서 덜 알려진 브랜드(less-known brand)로 이전된다는 것이다. [틀림] ☞ 어떤 브랜드의 로열티가 다른 브랜드로 이전되는 일은 거의 없다.

독립 브랜드와 패밀리 브랜드

776. 세계적인 소비재 기업 Lever Brothers는 퍼스널케어 사업부에서 AXE, Dove, Lifebuoy, Lux, Ponds, Rexona, Sunsilk, Signal, Vaseline 등 서로 독립적으로 운영되는 9개 브랜드 전략을 따른다. 이는 **독립 브랜드(stand-alone)** 전략이다.

777. 패밀리 브랜딩(family branding)은 기업과 브랜드를 분리하므로, 브랜드에 문제가 발생해도 기업이 영향을 덜 받는다. **[틀림]** ☞ 패밀리 브랜딩 제품 중 한 품목에 문제가 발생하면 그 브랜드를 공유하다는 다른 제품이 악영향을 받을 수 있다.

778. DRNK Spirits의 마케팅 매니저는 자사 모든 제품에 동일한 브랜드명 Nightlife를 붙이기로 했다. 결과적으로 Nightlife Ale, Nightlife Lager, Nightlife Vodka, Nightlife Tequila, Nightlife Whiskey가 존재하게 되었다. 이 사례는 **패밀리(family)** 브랜딩이다.

779. 기업이 자사 브랜드를 활용해 새로운 제품 유형(new product types)으로 확장(expand)하는 것을 **카테고리 확장(category extension)**이라고 한다.

780. International Delight 커피 크리머는 새로운 맛을 계속 출시하고 있다. 이 사례는 **라인(line)** 확장이다.

781. Dell은 프린터와 LCD 및 플라스마 TV 같은 소비자 전자기기를 포함한 새로운 분야로 브랜드를 확장하기(expand) 위해 자신의 브랜드를 사용했다. Dell은 **카테고리(category)** 확장과 관련된 것이다.

내셔널 브랜드와 스토어 브랜드

782. 내셔널(national) 브랜드는 제조업체가 마케팅 커뮤니케이션과 유통에서 효율성(efficiencies)을 창출함으로써 마케팅 자원을 레버리지할 수 있게 해 준다.

783. Crest, Tide, Gillette와 같이 전국에서 동일한 브랜드로 판매되는 제품은 스토어 브랜드(store brands)라 한다. **[틀림]** ☞ 이는 내셔널(national) 브랜드에 대한 이야기다.

784. 바디워시 시장의 선도업체인 RB Soaps는 모든 주에서 동일한 브랜드로 제품을 판매한다. 이 사례는 **내셔널(national)** 브랜드의 사례이다.

785. Super-Mart는 자체 브랜드 퍼스널 케어 제품을 만들기로 결정한다. 이 제품을 제조할 대형 제조업체와 계약을 맺어 Super-Mart의 신규 브랜드명을 붙여 제품을 공급받는다. 이 **스토어(store)** 브랜드의 사례이다.

라이센싱과 공동브랜딩

786. 다른 제조업체가 일정한 수수료나 매출 비율을 지불하고 브랜드를 사용할 수 있도록 허용하는 것을 **라이센싱(licensing)**이라고 한다.

787. 인기 만화 "스폰지밥(SpongeBob Square Pants)" 캐릭터는 의류, 장난감, 비디오 게임 등 다양한 상품에 등장하지만, 원작자는 이 상품들을 직접 생산하지 않는다. 이는 다른 제조업체에 브랜드 이름을 라이센스한(licensing) 사례이다. [맞음]

788. Costco와 Visa는 협력하여 Costco-Visa 카드를 출시했으며, 사용자는 Costco에서 구매 시 리베이트를 받을 수 있고 Visa는 Costco 회원에게 도달 범위를 확장할 수 있게 되었다. 이 사례는 **공동 브랜딩(cobranding)**이다.

789. Pierre Cardin은 여러 제조업체와 협력하여 의류, 생활용품, 화장품 등 다양한 제품에 브랜드 이름을 붙였다. 그 결과 브랜드 이미지가 희석되어 고급 브랜드로서의 영향력을 잃었다. 이 사례는 공동 브랜딩(cobranding)의 단점 중 **과잉 노출(overexposure)**에 해당한다.

790. Symbian 운영체제는 Nokia, Ericsson, Sony, Panasonic, Siemens, Samsung이 협력하여 만든 공동 브랜드 제품이다. 이들은 LG, 후지쯔 등 여러 무선 제조업체에 Symbian을 라이센스로 제공하고 있다. 이 사례는 공동 브랜딩(cobranding)의 유형 중 **여러 회사를 모아 새로운 브랜드 제품을 만드는 것(bringing multiple companies together to form a new branded product)**을 나타낸다.

791. Nickelodeon과 Marriott는 어린이 친화적인 휴양 호텔 체인을 만들기 위해 협력했다. 이 사례는 공동 브랜딩(cobranding) 관계의 유형 중 **합작 투자(joint venture)**를 나타낸다.

패키징

792. 패키지(package)의 목표가 아닌 것은 **즐겁게 하기(to entertain)**이다.

793. 패키지(package)의 가장 중요한 역할은 소비자에게 제품을 판매하는 것이다. **[틀림]** ☞ 보호가 가장 중요한 역할이다.

794. 기업이 제품을 블리스터 팩에 넣어 제품을 보호할 때, 이는 패키지를 통해 제품의 혜택에 대한 메시지를 전달하고자(communicate its benefits) 하는 것이다. **[틀림]** ☞ 제품 보호의 측면이 크다.

795. 소매점에서의 도난을 줄이기 위해 기업은 바코드나 자기 띠 같은 도난 방지 기술을 패키지 디자인에 포함한다. 이 사례는 패키지 목표 중 **보호(protect)**에 해당한다.

796. 한 점포 브랜드 진통제의 마케팅 매니저가 젤 코팅된 캡슐의 패키지를 설계하고 있다. 그녀는 내용물 훼손을 방지하고 어린이가 성인 도움 없이 열 수 없도록 만드는 데 집중하고 있다. 이 마케터가 집중하는 패키지의 목표는 **보호(protect)**이다.

797. Mrs. Butterworth's 시럽은 여성 형태의 병에 담겨 있다. 이 패키지의 목적은 경쟁 브랜드와 차별화된 디자인 요소를 통해 브랜드 메시지를 빠르게 전달하려는 것이다. 이 독특한 병 모양은 패키지 목표 중 **커뮤니케이션(communication)**을 충족한다.

798. Procter & Gamble은 Crest Vivid White 치약이 경쟁 브랜드보다 매장에서 눈에 띄도록 스탠드형 패키지와 그래픽이 강조된 상자를 제작했다. 이 사례에서 P&G가 집중한 패키지 목표는 **커뮤니케이션(communication)**이다.

799. Nerf 제품의 포장은 아이들이 그것을 가지고 노는 모습을 보여준다. 이는 패키지의 보호(protect) 기능을 잘 보여주는 사례이다. **[틀림]** ☞ 이는 보호와는 무관하다. 사용 촉진(promote usage)에 가깝다.

800. Heinz는 거꾸로 세울 수 있는 병을 출시하여 업계를 혁신했다. 소비자들은 마지막 남은 케첩을 나오게 하기 어려웠다고 오랫동안 불만을 제기해 왔다. Heinz는 진공 마개를 갖춘 편리한 용기를 3년에 걸쳐 개발했다. 이 사례는 패키지의 목표 중 **사용 촉진(promote usage)**의 사례이다.

801. Barb's Butters는 최근 파우치에서 통 형태로 패키지를 변경했다. 제품 테스트 결과 통이 소비자에게 더 적은 지저분함을 유발한다는 사실이 밝혀졌기 때문이다. 이 패키지 모양의 변화는 패키지의 목표 중 **사용 촉진(usage promotion)**에 해당한다.

802. Easy Peasy Vegetables의 마케팅 매니저는 전자레인지로 직접 데울 수 있는 야채 신제품 라인을 위한 패키지를 개발 중이다. 그녀는 건강한 사람이 행복하게 제품을 먹는 이미지를 통해 소비자와 제품 간의 연결을 시도하고자 한다. 이 경우 마케팅 매니저는 패키지의 목표 중 **사용 촉진(usage promotion)**에 집중하고 있다.

패키징의 심미적 중요성

803. 대부분의 소매 환경(retail environments)에서 패키지는 구매 시점에 고객과 연결될 수 있는 시간이 매우 짧다. [맞음]

804. Tiffany & Company의 파란색 상자는 소비자에게 널리 인지되고 있다. 이 사례는 패키지의 역할 중 **심미성(aesthetics)**을 보여준다.

805. Feather Tissues Inc.는 소비자에게 시각적으로 더 만족스럽다고 여겨지는 파란색으로 티슈 상자의 색을 빨간색에서 파란색으로 바꾸었다. 이 색상 변경은 패키징의 **심미성(aesthetic)**이라는 측면을 나타낸다.

806. Toddles Baby Food의 마케팅 매니저는 자사 제품의 패키지를 재설계 중이다. 그녀는 시각적으로 매력적이면서도 브랜드를 쉽게 식별할 수 있는 독특한 색상을 선택하려고 한다. 효과적인 패키징의 관점에서 이 마케팅 매니저는 **심미성(aesthetics)**이라는 요소에 집중하고 있는 것이다.

레이블링의 3대 요구사항

1) 법적 요구사항

807. 가공식품의 포장에 영양성분 표시(nutritional labeling)를 요구하는 연방 기관은 식품의약국(food and drug administration: FDA)이다. [맞음]

808. 세제, 농약 등과 같은 유해물질은 라벨에 14가지의 정보를 표시해야 한다. 이 사례는 레이블링의 **법적(legal)** 요구사항에 해당한다.

809. 식품의약국(FDA)은 모든 가공식품 회사가 칼로리, 지방, 탄수화물 등 영양 정보를 명확히 표시하도록 요구한다. 이는 레이블링의 **법적(legal)** 요구사항에 해당한다.

810. 식품 제조업체는 영양 성분 표 상단에 칼로리 수치를 표시해야 한다. 칼로리 정보를 표시하는 것은 레이블링의 **법적 요구사항(legal requirement)**에 대한 것이다.

811. 1914년, 연방정부는 연방거래위원회(FTC)를 통해 허위 또는 명백히 거짓된 라벨을 불법으로 규정하고, 이는 불공정 경쟁에 해당한다고 처음 판결하였다. 이 사례는 레이블링의 **법적(legal)** 요구사항을 보여준다.

2) 소비자 요구사항

812. QRS 아동용 가구의 마케팅 매니저 Veronica는 자사 유아용 식탁의자 라벨을 새롭게 디자인하고 있다. 그녀가 작업 중인 두 가지 핵심 요소는 조립 설명서와 간단한 사용법 안내이다. 이는 레이블링의 **소비자(consumer)** 요구사항에 해당한다.

813. Robitussin은 구매자가 구매 결정을 내리고 적절히 사용할 수 있도록 구체적인 제품 사용 정보를 제공하기 위해 포장을 새롭게 디자인했다. 패키지에는 제품의 성분, 가능한 부작용, 치료 가능한 증상, 권장 사용 연령의 네 가지 정보가 포함되어 있다. 이는 레이블링의 **소비자(consumer)** 요구사항을 충족하는 사례이다.

814. 패키지 레이블링(package labeling)은 구매 결정 전에 이루어지는 마지막 마케팅 기회(last marketing opportunity)이다. [맞음]

3) 마케팅 요구사항

815. Procter & Gamble의 Bounce 섬유유연제 박스 전면 패널의 약 50%는 "Bounce"라는 브랜드명이 차지하고 있으며, 나머지는 밝은 오렌지색 배경과 해가 뜨는 이미지, 초록 들판으로 채워져 있다. 이 사례는 레이블링의 **마케팅(marketing)** 요구사항을 나타낸다.

816. NRG 음료회사의 매니저는 소비자가 제품을 더 빠르게 인식할 수 있도록 제품 이미지를 개선하기 위해 라벨을 재설계하고 있다. 그는 레이블링의 **마케팅(marketing)** 요구사항에 집중하는 것이다.

817. NOP 세제 회사의 대표는 천연향 세제 신제품 라벨 디자인을 위해 아트 디자이너와 함께 작업 중이다. 그들은 브랜드명과 로고, 기타 필수 정보를 최적으로 배치하는 방안을 고민하고 있다. 이들은 레이블링의 **마케팅(marketing)** 요구사항을 다루고 있다.

워런티와 서비스 계약

818. 판매자의 제품에 대한 확신(seller's commitment to the product)은 통합 마케팅 계획(integrated marketing plan)을 통해 가장 명확하게 표현된다. **[틀림]** ☞ 통합 마케팅 계획이 아니라 워런티와 서비스 계약이다.

1) 일반 워런티와 특정 워런티

819. 제품 성능과 고객 만족에 대해 광범위한 약속(broad promises)을 담은 워런티는 **일반(general)** 워런티라고 한다.

820. 일반적으로 특정한 성능 문제 이외에도 다양한 이유로 고객이 제품을 반품할 수 있도록 허용하는 워런티는 **일반(general)** 워런티이다.

821. 어느 상표 없는 진통제 병에 붙은 워런티 내용에는 "소비자가 어떤 이유로든 불만족할 경우 이 제품을 반품할 수 있다"고 적혀 있다. 이는 **일반(general)** 워런티에 해당한다.

822. 제품 구성 요소와 관련된 명시적인 성능 보장을 제공하는 워런티는 **특정(specific)** 워런티라 불린다.

823. Fast Peddle Bikes의 제조사는 자사 제품의 기어 변속 장치가 5년간 안정적으로 작동하며 기계적 결함이 없을 것이라는 보증을 제공한다. 이는 **특정(specific)** 워런티에 해당한다.

2) 워런티의 비용과 혜택

824. 기업은 워런티의 혜택이 비용을 초과하는지(whether the benefits of the warranty exceed the costs) 여부에 대해 신경 쓸 필요가 없다.**[틀림]** ☞ 워런티의 혜택이 비용보다 커야 정상이다.

825. 최근 Mercedes-Benz는 무료 정기 점검 일부를 없애며 워런티 범위를 조용히 줄였다. 이는 해당 서비스의 비용이 지나치게 컸기 때문이다. 반면 현대자동차 등은 소비자 신뢰를 높이기 위해 워런티 기간을 늘렸다. 이들은 워런티 기간 연장이 더 나은 품질의 차를 만들고 있다는 점을 명확히 보여주는 방식임을 깨닫고 있다. 이는 기업이 제품 워런티의 **비용 대비 이점(costs versus benefits)**을 고려한 사례이다.

3) 워런티가 주는 고객 메시지

826. Mercedes-Benz는 모든 차량에 대해 평생 긴급 출동 서비스를 제공한다. 이는 Mercedes가 고객 서비스를 중시한다는 점을 보여준다. 이 사례는 워런티가 가진 **고객에게 메시지를 전달(convey a message to customers)**하는 능력을 나타낸다.

서비스의 개념

827. 오늘날 우리는 점점 더 유형적 제공물(tangible offerings = goods)에 집중하는 경제 속에 살고 있다는 사실이 널리 받아들여지고 있다. **[틀림]** ☞ 오늘날 우리는 유형 제품보다 서비스를 중심으로 한 경제 속에서 살고 있다.

828. 오늘날 직장 내에서 전 직원이 어떤 방식으로든 서비스에 관여하고(involved in service) 있으며, 모든 직원은 외부 또는 내부 고객, 혹은 둘 모두를 가지고 있다. **[맞음]**

829. 서비스 중심 관점(service-centered perspective)은 고객 중심 접근 방식(customer-centric approach)과 매우 잘 맞는다. 이 접근은 사람, 프로세스, 시스템 및 기타 자원을 고객에게 최적의 서비스를 제공하기 위해 정렬하는(aligned) 것을 말한다. **[맞음]**

830. 서비스는 고객의 니즈와 원츠를 충족시킬 수 있는 혜택의 묶음을 제공한다는 점에서 제품의 일종이다. 다만, 이는 **물리적 형태(physical form)** 없이 이루어진다.

831. 서비스는 고객의 니즈와 원츠를 충족시킬 수 있는 물리적 형태의 혜택 묶음(a bundle of benefits)이라는 점에서 제품이다. **[틀림]** ☞ 서비스는 물리적 형태가 없는 형태의 제품이다.

832. 미국 내 직업 중 서비스 관련 직종이 차지하는 비율은 전체의 **80%** 이상이다.

833. 다음 중 서비스 산업에 대한 설명 중 올바른 것은 다음과 같다: **변화하는 미국의 인구통계는 서비스 산업이 번창하는 주요 요인이다**(changing U.S. demographics represent a major driver for why the service sector is thriving).

834. 많은 기업이 훌륭한 서비스에 투자하는 데 주저하는 이유는 대체로 **투자에 대한 수익이 나타나기까지 시간과 인내가 필요하기**(it takes time and patience before a return on the investment is noticeable) 때문이다.

835. 역사적으로는(과거에는) 유형 제품(goods or products)이 교환의 기초였으나, 새로운 논리에 따르면 교환의 기초는 **서비스(service)** 이다.

836. "고객은 자동차(제품)를 구매하는 것이 아니라, 회사가 정의한 일련의 혜택을 통해 가치를 더하는 능력을 구매한다."는 문장은 서비스 지배 논리(service-dominant logic)의 공리(axiom) 중 다음 문장에 해당한다: **서비스는 교환의 근본적 기반이다**(service is the fundamental basis of exchange).

서비스의 특징

837. 서비스의 네 가지 특성은 **불가분성, 소멸성, 무형성, 변동성**(inseparable, perishable, intangible, and variable)이다.

838. 변동성(variability)은 서비스의 특성 중 하나이다.

839. 서비스는 물리적 제품(physical goods)과는 달리, 무형성, 불가분성, 변동성, 소멸성(intangibility, inseparability, variability, and perishability)과 같은 몇 가지 고유 특성을 가진다. [맞음]

1) 무형성

840. 고객 체험(customer trial)은 무형적인 서비스(intangible service)를 마케팅하는 데 따르는 문제를 극복하는 방법 중 하나이다. [맞음]

841. 서비스는 오감으로(through the physical senses) 체험할 수 없다. 이 특성은 서비스의 **무형성**(intangibility)을 나타낸다.

842. 서비스의 특성 중 무형성이란, 서비스가 **고객이 보고, 듣고, 맛보고, 느낄 수 없다**(cannot be seen, heard, tasted, or felt by a customer)는 사실을 의미한다.

843. 서비스 기업은 고객이 브랜드의 서비스를 평가할 수 있도록 무형의 서비스(intangible services)를 **더 유형적으로**(more tangible) 보이도록 하는 과제를 안고 있다.

844. 서비스를 더 유형적으로 만드는(to make a service more tangible) 방법 중 하나는 고객이 **서비스를 체험해보는 것**(experience the service through a trial) 것이다.

2) 불가분성

845. 직원들(employees)은 서비스의 불가분성과 변동성(inseparability and variability) 때문에 서비스 성공에 중요한 역할을 한다. [맞음]

846. 서비스의 수행과 소비가 동시에 이루어진다는 **불가분성**(inseparability)이라는 특징은 고객 경험에서 인간 서비스 제공자의 역할을 강화한다.

847. 서비스는 생산과 소비가 동시에 이루어지며(produced and consumed at the same time), 제공자와 분리될 수 없다(cannot be detached from their provider). 이러한 서비스의 특성은 **불가분성(inseparability)**이라고 한다.

848. 서비스가 불가분하다(inseparable)는 것은 **생산과 소비가 동시에 이루어진다는 것**(it is produced and consumed at the same time)을 의미한다.

849. 서비스를 단순히 생산된다(produced)고 보는 것보다 **수행된다**(performed)고 보는 것이 더 정확할 수 있다.

3) 변동성

850. 서비스의 **변동성(variability)**은 서비스가 제공자와 분리될 수 없기 때문에 서비스 품질은 제공자의 역량만큼만 좋다는 것을 의미한다.

851. 고객 서비스 경험에서 인간 서비스 제공자(human service providers)의 역할이 강화되면, 서비스 제공자는 **서비스 제공에서 상당한 맞춤화를 제공할 수 있다(offer considerable customization in delivering a service)**.

852. 서비스의 경우, **변동성을 지속적으로 낮게 유지(variability is to be consistently low)**하려면, 지속적인 교육, 재교육, 올바른 인력 관리(training, retraining, and good management of people)에 대한 투자가 필요하다.

853. 기업이 운영에서 지속적인 프로세스 개선과 품질 관리를 투자한 후에는 일반적으로 유형 제품(goods)이 서비스보다 훨씬 더 **표준화되는(standardized)** 경향이 있다.

854. 신뢰성(reliability)은 물리적 재화(physical goods)와 다른 서비스의 뚜렷한 특성이라고 할 수 없다.

4) 소멸성

855. 변동하는 수요(fluctuating demand)는 서비스의 **소멸성(perishability)**과 관련이 있다.

856. 서비스의 소멸성(perishability)이란 **서비스는 저장되거나 향후 사용을 위해 보관될 수 없음(a service cannot be stored or saved up for future use)**을 의미한다.

서비스 수익 사슬

857. 서비스-수익 사슬(service-profit chain)은 매니저들이 서비스 제공 시스템 내에서 **고객 로열티, 매출 성장, 더 높은 수익**(customer loyalty, revenue growth, and higher profits)을 유도하는 핵심 연결 고리를 더 잘 이해하도록 돕기 위해 설계되었다.

1) 서비스 수익 사슬의 프로세스

A. 내부 서비스 품질

858. 직원을 고객처럼 대하고, 그들의 니즈를 충족시키는 시스템과 혜택을 개발하는 것은 **내부 마케팅**(internal marketing)이라 불린다.

859. 어떤 기업이 고객 중심적(customer-centric)이라고 간주될 때, 이는 그 회사가 **회사 내부와 외부에서 발생하는 모든 일에서 고객을 가장 중요하게 여긴다**(gives more importance to customers in everything that takes place both inside and outside the firm)는 것을 의미한다.

860. 고객 중심적인(customer-centric) 기업은 높은 수준의 고객 지향성(customer orientation)을 나타낸다. 이는(높은 수준의 고객 지향성을 나타낸다는 것은) 기업이 **전사적으로 고객의 요구를 이해하는 데 집중하는 문화를 주입한다**(instill an organization-wide focus on understanding customers' requirements)는 것을 의미한다.

861. 기업이 높은 수준의 고객 지향성(high degree of customer orientation)을 가진 고객 중심 철학(customer-centric philosophy)을 따를 때, 그 기업은 **시장에 대한 이해를 생성하고 그 지식을 회사 내 모든 사람에게 전파할**(generate an understanding of the marketplace and disseminate that knowledge to everyone in the firm) 것이다.

862. 서비스-수익 사슬(service-profit chain)의 핵심 개념 중 하나는 **모든 직원이 성공할 수 있는 환경을 조성하는 것이다**(create an environment in which all employees can be successful).

863. 조직이 내부 서비스 품질(internal service quality)에 집중한다는 것은 직원들이 **고객 마인드셋을 지닌다**(hold a customer mind-set)는 것을 의미한다.

864. 본문에서 언급된 바에 따르면, Caesars Entertainment는 직원 모두가 자사의 브랜드와 가치를 이해하고 설명할 수 있다는 점을 자랑스럽게 여긴다. 이는 Caesars가 **서비스-수익 사슬의 목표 달성을 위해 내부 마케팅에 집중하는**(internal marketing to achieve the goals in the service-profit chain) 것에 헌신하고 있음을 나타낸다.

B. 만족도 높고, 생산성 높고, 로열티 높은 종업원들

C. 외부 고객들을 향한 훌륭한 서비스

865. 서비스-수익 사슬(service-profit chain)에서 외부 서비스 가치가 낳은 결과가 아닌 것은 **직원 이직(employee turnover)**이다.

D. 고객 로열티

866. 전환 행동(switching behavior)의 원인 중 하나는 불공정한 프라이싱(unfair pricing)이다.

867. 본문에서 언급된 바에 따르면, Caesars Entertainment는 **애착(affection)** 구역에 속한 고객들이 다른 고객보다 훨씬 더 많은 돈을 쓰며, 고객 투자 수익률도 현저히 더 높다는 것을 발견했다.

868. 이탈 구역(zone of defection)은 **극도로 불만족한 고객(extremely dissatisfied customers)** 고객군을 설명한다.

869. 본문에서 언급된 바에 따르면, Caesars Entertainment 는 이탈 구역(zone of defection) 고객들의 ROI가 다른 구역보다 현저히 높다고 판단했다. **[틀림]** ☞ 높지 않고 오히려 낮다.

870. Caesars의 궁극적인 고객은 사도(apostle)이다. 이들은 매우 만족하며, 강한 충성심을 가지고 자주 방문하며, Caesars 경험을 친구나 지인에게 열정적으로 전파하는 강력한 지지자(strong advocates)이다. [맞음]

871. Caesars를 자주 방문하며 그 경험을 친구나 지인에게 적극적으로 알리는 사람은 **사도(apostle)**라고 불린다.

872. 연구에 따르면, 무관심한 고객(indifferent customers)의 만족도를 높이기 위해 투자하는 것이 브랜드 수익성(profitability to a brand)을 극대화하는 데 효과적이다. [틀림] ☞ 무관심한 고객의 만족도를 높이기 위해 투자하는 것이 브랜드 수익성을 극대화하는 데 그리 효과적이지 못하다

873. 서비스-수익 사슬(service-profit chain)에서, 고객 만족은 고객 로열티로 이어지고, 그 결과 **매출 성장과 수익성(revenue growth and profitability)**이 발생한다.

874. 기업이 자사의 서비스를 적게 약속하고 실제로는 많이 제공할(underpromises but overdelivers) 때, 이는 **고객 기대(customer expectations)** 관리를 실천하고 있다고 본다.

875. 고객이 서비스 제공자와 긍정적인 경험을 하고 관계를 쌓기 시작하면, 고객 로열티는 **제품보다 서비스에서 높은 편이다(tends to be greater for services than for goods).**

876. 마케팅의 기본 원칙(fundamental rule) 중 하나는 고객 기대치를 높게 설정하는 것(to set high customer expectations)이다. [틀림] ☞ 고객 기대가 높으면 고객 만족은 떨어진다.

서비스 속성

877. 서비스는 높은 경험 속성과 신뢰 속성(high experience and credence attributes)을 보이는 경향이 있다. [맞음]

1) 탐색 속성

878. 제품과 비교할 때, 서비스는 **탐색 속성(low in search qualities)**이 낮다.

879. 다양한 서비스 제공을 평가할 때, 소비자들이 탐색 속성과 관련해 겪는 어려움 중 하나는 **고객은 구매 후에야 서비스 성과를 제대로 알 수 있기 때문이다**(customers do not truly know how a service performs until after the sale).

2) 경험 속성

880. 때때로 고객은 자신이 좋은 서비스를 받았는지 알 수 있다. 예를 들어, 휴가, 이발, 식당 같은 경우에는 고객이 구매를 반복할지 여부를 결정할 수 있게 하는 **경험(experience)** 속성이 있다.

3) 신뢰 속성

881. 고객이 전문 지식(expertise)이 부족하여 서비스를 사용한 후에도(even after use) 그 품질을 합리적으로 평가할 수 없는(cannot make a reasonable evaluation of the quality) 경우, 이는 서비스의 **신뢰(credence)** 속성과 관련이 있다.

882. 의사, 변호사, 회계사와 같은 전문 서비스 제공자는 학위와 자격증(degrees and designations)을 통해 구매자에게 신뢰의 수준(level of trust)을 전달한다. [맞음]

883. 경영 교육을 받는 학생(students in business education)이 '고객'인지, 아니면 브랜드화되어야 할(need to be branded) '제품'인지에 대한 논쟁이 존재한다. [맞음]

884. 일부 비즈니스 스쿨은 자교의 주요 고객이 **자교 졸업생을 채용하는 기업**(companies that hire their students)이라고 본다.

885. 고객이 평가하려면 일반 대중이 갖기 어려운 전문 지식(expertise)이 필요한 속성은 **신뢰 속성(credence attribute)**이다.

886. 신뢰 속성(credence attribute)이 가장 강하게 나타나는 서비스 중 하나는 **세무 대행 업무(tax preparation)**이다.

서비스 품질

887. **서비스 품질(service quality)**은 고객이 서비스에 대해 가지는 기대와 실제 서비스 수행에 대한 인식을 비교하여 측정하는 것을 공식화한(formalization of the measurement of customer expectations of a service compared to perceptions of actual service performance) 것이다.

888. 고객이 서비스 제공자와 어떤 식으로든 상호작용하는 기간을 **서비스 인카운터(service encounter)**라고 한다.

889. 고객과 서비스 제공자가 직접 마주하는 시간(face-to-face time between customer and service provider)은 종종 **진실의 순간(moment of truth)**이라고 불리며, 이때 고객의 판단이 이루어진다.

서비스 품질의 Gap 모델

890. 서비스 품질의 Gap 모델은 **서비스 제공 프로세스에서 5가지 핵심 영역의 차이를 식별하고 측정하는 것**(identification and measurement of differences in five key areas of the service delivery process)을 기반으로 한다.

891. Gap 모델의 기초는 서비스 제공 프로세스에서 5개의 핵심 영역의 차이를 식별하고 측정하는 것이다.

892. Gap 모델 중에서 고객 데이터를 제대로 수집하지 못하면 서비스 제공에 심각한 문제가 생길 수 있는 Gap은 **Gap 1(경영진의 고객 서비스 기대의 지각과 실제 고객의 서비스 기대 간의 차이**: management's perceptions of customer service expectations versus actual customer expectations of service)이다.

893. 서비스 실패(service failure)가 적절한 서비스 복구(service recovery)를 통해 처리되면, 고객 만족도에 반드시 나쁜 영향을 주는 것은 아니다. [맞음]

894. 고객의 기대를 초과하는 것(exceeding customer expectations)을 종종 고객 감동(customer delight)이라고 한다. [맞음]

895. 고객의 기대를 초과하는 것은 종종 고객 **감동(delight)**이라고 불린다.

896. 실제 서비스 품질 사양과 실제 서비스 제공 간의 차이(actual service quality specifications and actual service delivery) 간의 부정적인 GAP은 거의 항상 경영진과 직원이 업무를 제대로 수행하지 못한 결과를 의미한다. 이는 불분명한 성과 기준(vague performance standards), 부실한 교육(or training), 매니저의 비효율적 모니터링(ineffective monitoring by management) 때문일 수 있다.

897. 서비스를 마케팅 전략으로 사용하는 기업은 서비스 **실패(failure)**에 대해 미리 계획하고, 직원이 서비스 회복을 적절히 수행할 수 있도록 훈련시켜야 한다.

898. Domino's Pizza가 30분 내 배달을 약속했지만 실제로는 45분이 걸렸다면, 이는 Gap 1(경영진의 고객 기대에 대한 지각과 실제 고객 기대 간의 차이: management's perceptions of customer service expectations versus actual customer expectations of service)을 보여주는 사례이다. **[틀림]** ☞ 30분 배달을 약속했다고 했으므로, 이는 Gap4의 문제이다.

899. Gap 모델에서 "서비스가 의도한 방식대로 제공되었는가?"를 묻는 Gap은 **Gap 3: 실제 서비스 품질 사양과 실제 서비스 제공 간의 차이**(actual service quality specifications versus actual service delivery)이다.

900. Gap 모델에서 마케팅 커뮤니케이션을 통한 고객 기대 관리와 가장 관련 있는 Gap은 **Gap 4: 실제 서비스 제공과 기업이 약속한 내용 간의 차이**(actual service delivery versus what the firm promises it delivers)이다.

901. 다섯 번째이자 마지막 서비스 Gap은, 고객이 지각한 서비스와 실제 고객 기대 간(customers' perceived service versus actual customer expectations of service)의 차이에 관련된다. [맞음]

902. Gap 모델의 Gap 5는 소비자의 기대와 그들이 받은 서비스에 대한 지각 사이에서(between consumers' expectations and the perception of the service they receive) 발생하는 독특한 Gap이다.

SERVQUAL

903. 서비스 품질의 차원 중 '유형성(tangibles)'은 **서비스의 물리적 증거 또는 관찰 가능한 측면(the physical evidence of a service or the observable aspects)**을 의미한다.

904. 서비스 품질의 차원에서 신뢰성(reliability)은 **서비스를 처음부터 항상 정확하게 수행하는 능력(a service is performed right the first time and every time)**을 의미한다.

905. 신속한 서비스를 제공하고 고객 요청에 빠르게 응답하는 능력은 신뢰성(reliability)이라 불린다. **[틀림]**
☞ 이는 반응성(responsiveness)에 대한 설명이다.

906. Jonathon은 미용실에서 일한다. 고객이 구매한 서비스에 대해 문제를 제기했을 때, Jonathon은 변명을 하고 문제를 해결하려 하지 않았다. Jonathon은 **반응성(responsiveness)**이 부족했다.

907. 서비스 품질의 다섯 가지 차원(five dimensions of service quality) 중, 신뢰를 전달하고 서비스 품질에 대한 고객의 확신을 구축하는 능력은 **확신성(assurance)**이다.

908. Mariette은 빵집에서 제품에 대한 지식이 풍부하고 고객에게 항상 공손했기 때문에 고객들로부터 높은 평가를 받았다. 고객들이 Mariette을 신뢰하게 된 것은 **확신성(assurance)**을 보여준다.

909. 서비스 품질의 다섯 가지 차원(five dimensions of service quality) 중 공감성(empathy)은 서비스 제공자의 관점에서 생각하는 것(considering things from a service provider's point of view)을 의미한다. **[틀림]** ☞ 서비스 제공자의 관점이 아니라 고객 관점이라고 해야 한다.

서비스 블루프린트

910. 서비스 블루프린트는 제조 및 운영 관리 개념을 차용하여 서비스 기업이 **고객 서비스와 관련된 모든 활동의 설계 및 흐름을 완전히 도식화 하는 것**(map out a complete design and flow of all the activities related to customer service)을 돕는다.

911. 서비스 블루프린트에서 활동은 고객에게 보이는 선의 위와 아래로 나뉜다. 이 선을 **가시성**(visibility) 라인이라고 한다.

912. 식당처럼 팀워크가 중요한 환경에서 서비스 블루프린트의 장점은 **각 직원의 역할이 전체 시스템에서 어떻게 작동하는지를 보여주는**(shows employees how their individual roles fit into the entire system) 것이다.

913. 서비스 블루프린트(service blueprint)에서 '진실의 순간(moment of truth)'은 가시성 선(line of visibility) 아래에서 발생한다. **[틀림]** ☞ 진실의 순간은 고객이 직접 서비스를 체험하는 결정적인 순간을 말한다. 눈에 보이지 않는데 서비스를 평가할 수는 없으니 가시성 라인 위에 있는 것이 맞다.

Domain 6.
MANAGE PRICING DECISIONS

프라이싱 의사결정 관리

가격의 개념

914. B2C든 B2B든 관계없이 대부분의 비용은 구매 가격(purchase price)에 관련되어 있다. [맞음]

915. 가격(price)은 한 기업과 그 제품이 제공하는 가치에 대해 고객이 평가할 때 사용되는 핵심 요소이다.

916. 마케팅 매니저에게 프라이싱(pricing: 가격 책정)은 단순한 경제적 손익분기점(economic break-even point)이나 원가 가산 회계 계산(cost-plus accounting calculation)에 불과하다. [틀림] ☞ 프라이싱은 단순히 기업의 마진 관점에서만 따지는 것이 아니다. 가격은 고객이 그 제품의 가치를 판단하는 데에 있어서 핵심적인 요소이므로, 제품이 고객에게 주는 총 혜택과 고객에게 부과하는 총 비용을 철저하게 검토하여 정해져야 한다.

917. 기업의 핵심 비용 우위(core cost advantages)는 경쟁사에 비해 훨씬 더 유연한 **프라이싱 전략(pricing strategies)** 분 아니라 일부 비용 절감(cost savings)을 수익(bottom line)으로 전환할 수 있는 능력으로 이어진다.

918. Southwest Airlines은 내부 프로세스가 매우 효율적이어서 경쟁 항공사보다 경쟁우위를 가진다. 이 회사는 효율적인 정비 프로세스과 간단한 예약 시스템을 보유하고 있어, 고객에게 마일리지 기반의 매력적인 가격을 제공하면서도 이윤을 높일 수 있다. 이 사례에서 Southwest Airlines의 경쟁우위는 **비용 리더십(cost leadership)**에 기반을 두고 있다.

919. Michael Porter는 내부 프로세스의 뛰어난 효율성을 바탕으로 경쟁하는 기업이 **비용 리더십(cost leadership)**에 기반한 경쟁 우위(competitive advantage)를 시장에 제공한다고 지속적으로 주장해 왔다.

A. 가격 인상 없는 수익 향상

920. 마케팅 매니저가 단순히 가격 인상만 고려하지 않고 자사의 재무 목표를 달성하기 위해 자사 제품의 수익 기여도를 높일 수 있는 방법은 아래의 모든 것이다.
- 효율성을 높이고 비용을 절감을 고려한다(consider to increase efficiency and reduce costs).
- 고비용 재료 사용을 줄이기 위해 제품 설계를 조정한다(adjust product designs to reduce use of high cost materials).
- 기능성을 최적화하기 위해 제품 구성을 변경한다(alter product bundles to streamline functionality).
- 고객에게 미치는 영향에 대해 주의를 기울이면서 제품 품질을 낮춘다(reduce product quality with caution regarding impact to customers).

프라이싱 목표

921. 가격 목표(price objectives)는 프라이싱 전략과 관련된 원하거나 기대되는 결과(desired or expected result associated with a pricing strategy)를 의미하며, 포지셔닝이나 브랜딩 같은 다른 마케팅 관련 목표와 일관되어야 한다. [맞음]

922. 제품의 가격은 대개 눈에 잘 띄지 않기(tends to be invisible) 때문에, 고객은 가격을 넘어 제품이 제공하는 다른 중요한 혜택을 고려하는 데 어려움을 거의 느끼지 않는다. [틀림] ☞ 가격은 매우 가시적이다.

1) 침투 프라이싱

923. 고객이 가격에 민감하고 내부 효율성으로 인해 공격적인 프라이싱에서도 수익성 있는 마진이 가능한 시장에서는, **침투 프라이싱(penetration pricing)** 전략이 다른 기업의 시장 진입에 강력한 장벽을 만들 수 있다.

924. 기업이 가능한 한 많은 시장 점유율을 확보하려는 목표를 가지고 있다면, 일반적으로 채택하는 프라이싱 전략은 **침투 프라이싱(penetration pricing)**이다. 이 전략은 최대 시장 점유율(maximum marketing share)을 위한 프라이싱이라고도 한다.

925. 기업은 **침투 프라이싱(penetration pricing)** 전략을 사용할 때 주의해야 한다. 가격은 제품 품질에 대한 고객 지각(customer perceptions)을 형성하는 단서(cue)이기 때문에, 너무 낮은 가격이 실제 품질 속성(actual quality attributes)을 약화시키면 가치 제안(value proposition)이 훼손될 수 있다.

926. Amelia는 Charleston의 한 카페에서 마케팅 매니저로, 메뉴의 가격 결정을 담당한다. 카페의 셰프가 새로운 요리를 선보였고, Amelia는 처음에 그 요리의 가격을 $20으로 책정했지만 6개월에 걸쳐 천천히 가격을 인상했다. 이 경우 Amelia는 **침투 프라이싱(penetration pricing)** 전략을 활용한 것이다.

2) 가격 스키밍

927. 비교적 높은 가격으로 시장에 진입하는 것을 목표로 하는 전략은 **가격 스키밍(price skimming)**이다.

928. 마케팅 매니저가 **가격 스키밍(price skimming)** 전략을 제안할 때, 대개 제품에 대해 강력한 가격-품질 관계(strong price-quality relationship)가 있다고 확신하는 경우이다.

929. Jean Claude는 디자이너 핸드백의 새로운 라인을 완성했다. 그는 고객에게 핸드백이 품질이 뛰어나고 희소하다(exclusive)는 점을 알리기 위해 높은 가격을 책정했다. 시즌이 지나면 가격을 낮춰야 할 수도 있다는 점도 알고 있다. Jean Claude는 **가격 스키밍(price skimming)** 전략을 사용하고 있다.

3) 수익 극대화

930. 가격 목표는 종종 이윤 극대화(maximize profit)를 목적으로 하며, 이를 위해서는 **목표 투자 수익률**(target return on investment) 프라이싱 전략이 필요하다.

931. Hector는 가전제품 매장을 열 예정이다. 그는 예상 지출과 수익 목표를 기반으로 월간 이익 목표를 설정하고, 이 목표를 바탕으로 제품 가격을 정하고 있다. Hector는 **목표 투자 수익률**(target return on investment) 프라이싱 전략을 실행 중이다.

932. 경쟁사의 가격(competitor's price)은 마케팅 전략에서 가장 눈에 띄는 요소(most visible elements) 중 하나이며, 과거와 현재의 가격 패턴을 분석함으로써 해당 경쟁사의 프라이싱 목표를 파악할 수 있다. [맞음]

4) 경쟁자 기반

933. 마케팅 매니저는 **경쟁 기반 프라이싱(competitor-based pricing)**을 통해 시장 평균 가격(market average price)에 맞추거나, 침투(penetration) 혹은 스키밍 목표(skimming objectives)에 따라 평균보다 낮거나 높게 가격을 책정할 수도 있다.

934. 한 기업이 경쟁사보다 낮은 가격을 의도적으로 책정하여 판매와 시장 점유율을 확보하려고 할 때, **가격 전쟁(a price war)**이 발생할 수 있다.

935. 한 기업이 가격을 너무 낮게 책정해 경쟁사의 반발을 유도하지 않으면서도, 너무 높게 책정해 고객에게 가치 제안을 위협하지 않는 중립적인 가격 포인트(neutral set point)를 찾으려 할 때, 이는 **안정(stability)** 프라이싱을 채택한 것이다.

936. 가격이 급변하는 시장에서 **안정 프라이싱(stability pricing)**은 경쟁 우위(competitive advantage)의 원천이 될 수 있다.

937. Mark는 뉴욕시에서 드라이빙 레인지(골프 연습장)를 운영하고 있으며, 인근에 위치한 세 곳의 경쟁업체의 가격을 주의 깊게 살펴본 후, 그 정보를 바탕으로 최적의 프라이싱 전략을 세우기로 했다. 이 경우, Mark는 **경쟁 기반 프라이싱(competitor-based pricing)**을 활용하고 있다.

5) 가치 프라이싱

938. 제품의 차별적 강점(product's differential advantages)을 효과적으로 전달하는 것은 포지셔닝 전략의 핵심이며, 이러한 요소에 노출되면 고객은 가치 지각(perceptions of value)을 형성하고 그 결과로 가치 제안(value proposition)을 이해하게 된다. [맞음]

939. 포지셔닝을 전달하기 위해 프라이싱을 활용하려는 목표를 가진 기업은 안정 프라이싱 전략(stability pricing strategy)을 사용한다. [틀림] ☞ 포지셔닝을 전달하기 위해 가격을 활용하려는 목표를 가진 기업은 가치 프라이싱을 사용한다.

940. 포지셔닝을 전달하기 위해 프라이싱을 활용하려는 목표를 가진 기업은 **가치 프라이싱(value pricing)** 전략을 사용한다.

941. 지속적으로 고가격/저혜택(high-price/low-benefits) 환경에서 운영하려는 기업과 브랜드는 고객 신뢰를 손상시키므로 장기적으로 생존하지 못한다. [맞음]

942. 지속적으로 **고가격, 저혜택**(high price, low benefits) 사분면에서 운영하려는 기업과 브랜드는 고객 신뢰를 손상시키므로 장기적으로 생존하지 못한다. 일부 기업은 제품 출시 초기에 모든 결함이 해결되지 않았음에도 가격 스키밍(price skimming) 전략을 사용한다.

943. Marco는 품질이 우수하고 가격이 적당한 새 차를 사고 싶어 한다. 여러 옵션을 살펴본 끝에, 그는 소매가는 높지만 운용 및 유지비가 매우 낮은 인기 브랜드의 자동차를 구매하기로 한다. 이 경우, 해당 자동차 제조업체가 사용한 프라이싱 전략은 **가치 프라이싱(value pricing)**이다.

944. 대부분의 제품에서 고객이 가격과 혜택의 비율이 최소한 동등하다고 지각한다면(가격과 혜택의 비율이 최소한 같거나 혜택이 높다면), **가치(value)**에 대한 지각은 대체로 긍정적일 것이다.

프라이싱 전술

945. 기업은 보통 시장에서 한 가지 프라이싱 전술(pricing tactics)에만 의존하기보다는 다양한 프라이싱 전술을 조합(combinations of pricing tactics)한다. [맞음]

1) 제품 라인 프라이싱

946. 제품 라인 프라이싱(product line pricing)은 마케팅 매니저에게 관련된 전체 제품 라인에 걸쳐 합리적인 프라이싱 전략을 개발할 수 있는 기회를 제공한다.

947. 제품 라인 프라이싱(product line pricing)에서 제품 가격이 상위 라인으로 갈수록 상승하는 것은 경쟁사의 유사 제품 가격에 영향을 받지 않는다. **[틀림]** ☞ 우리가 가격을 정할 때 경쟁사의 유사 제품 가격은 중요한 고려 대상이다.

948. Yoko는 티켓 창구 직원에게 콘서트 티켓 가격의 차이를 설명하고 있다. 그녀는 가장 저렴한 티켓은 가장 선호도가 낮은 좌석이고, 가장 비싼 티켓은 가장 선호도가 높은 좌석이며, 나머지 가격은 그 사이에 있다고 설명한다. Yoko는 **제품 라인(product line)** 프라이싱을 설명하고 있다.

949. Marriott는 전체 브랜드 계열을 서로 다른 가치 제안에 따라 명확히 구분된 프라이싱 전략으로 브랜딩했다. 예를 들어, 가장 고급층을 위한 Ritz-Carlton과 JW Marriott, 그 다음 수준의 풀서비스 호텔로 Marriott와 Renaissance, 그리고 Courtyard와 Residence Inn 등 다양한 브랜드를 운영한다. 이 사례는 개별 제품 단위를 넘어서 **가격 라이닝(price lining)**이 발생할 수 있음을 보여준다.

2) 캡티브 프라이싱

950. 캡티브 프라이싱(captive pricing)은 고객이 기본 제품이나 시스템을 구입한 뒤, 이를 운영하기 위해 지속적으로 주변 제품(peripherals)을 구매하도록 만드는 전략이다. [맞음]

951. HP는 입문자용으로 저렴한 프린터를 판매하지만, 지속적으로 교체해야 하는 프린터 카트리지는 비교적 비싸다. 이는 **캡티브 프라이싱(captive pricing)** 개념을 보여준다.

952. Krista는 액체 비누 디스펜서를 사기 위해 매장을 찾았다. 매장에서 새 디스펜서를 구매하자 프로모션으로 리필 팩 두 개가 무료로 제공되었지만, 이후에는 리필을 별도로 구매해야 한다. 이 경우, 해당 디스펜서에 사용된 프라이싱 전략은 **캡티브(captive)** 프라이싱이다.

3) 가격 번들링

953. Claire가 새 휴대폰을 구매했을 때, 차량용 충전기와 커버를 함께 할인된 가격에 구매할 수 있는 기회가 제공되었다. 이 경우 휴대폰 공급업체는 **가격 번들링(price bundling)** 전략을 사용한 것이다.

954. Bright House는 Madhukar가 전체 엔터테인먼트 제품군을 구매하길 원하며, 디지털 TV, 프리미엄 채널, 다운로드 영화, 시내외 전화 서비스, 휴대전화 서비스, 고속 인터넷 중에서 Madhukar가 많이 구매할수록, 각각 따로 구입한 가격의 합보다 더 유리한 조건을 제공한다. Bright House는 **가격 번들링(price bundling)** 전략을 사용하고 있다.

4) 준거 프라이싱

955. 고객이 제품을 구매할 때 비교할 수 있는 가격(comparative price)이 있으면 도움이 될 수 있다. 이러한 비교를 **준거(reference)** 프라이싱이라 하며, 가격 번들링(price bundling)의 경우 개별 제품을 따로 구매했을 때의 총합과 번들 가격(bundled price)을 비교한다.

956. Bella는 할인 가구점이다. 대부분의 제품은 재고 과잉 품목이기 때문에 일반 가구보다 저렴하다. 최근 Bella는 고객에게 절감액(savings)을 보여주기 위해 제조업체 권장 소비자 가격(manufacturers' suggested retail price)을 자사 판매 가격 옆에 표시하기 시작했다. 이는 **준거 프라이싱(reference pricing)** 전략에 해당한다.

5) 프리스티지 프라이싱

957. 프리스티지 프라이싱(prestige pricing) 하에서는 일부 전통적인 가격/수요 곡선이 판매나 시장 반응을 제대로 예측하지 못할 수 있는데, 이는 가격 상승(increasing price)이 판매량 감소(decreases volume)로 이어진다는 일반적인 가정을 위배하기 때문이다. [맞음]

958. 가격 스키밍(price skimming) 목표를 설정하는 한 가지 이유는 **프리스티지 프라이싱(prestige pricing)**이 경쟁사보다 상대적으로 높은 가격을 통해 제품이나 브랜드에 지위(status)를 부여할 수 있기 때문이다.

959. Edvard는 스키 상점에서 일한다. 그는 새로 입고된 스노보드의 가격이 매장 내 다른 보드들보다 비싸다는 것을 알아차린다. 마케팅 수업을 들은 적이 있는 그는 해당 브랜드가 아마도 **프리스티지 프라이싱(prestige pricing)** 전략을 사용하는 것임을 알고 있다.

6) 심리적 프라이싱

960. 숫자가 소비자에게 주는 이미지로부터 가격에 대한 지각을 만들어내는 것은 **심리적(psychological) 프라이싱**이다.

961. 홀수 프라이싱(odd pricing)은 특히 서비스 산업에서 잘못 적용될(misapplied) 경우 역효과를 낳을(backfire) 수 있다. [맞음]

962. Dag는 철물점을 운영한다. 그는 고객들이 $10.00보다 $9.99를 훨씬 더 낮게 받아들인다는 것을 배웠고, 이 규칙을 모든 제품 가격 설정에 적용하고 있다. Dag가 사용하는 전략은 **심리적 프라이싱(psychological pricing)**이다.

7) 단일 가격 vs. 변동 가격

963. 변동 프라이싱 전략(variable pricing strategy)은 단일 가격 전략(one-price strategy)보다 기획 및 예측(planning and forecasting)이 훨씬 쉽다. **[틀림]** ☞ 변동 프라이싱 전략을 사용하면 고객별로 판매되는 가격이 달라서 총 매출/이익 계산이 복잡하다. 반면 단일 가격 전략은 가격 곱하기 수량으로 쉽게 매출을 추정할 수 있다.

964. 변동(variable) 프라이싱 전략에서는 고객이 가격을 흥정하도록 허용하거나 장려한다.

8) EDLP와 고저 프라이싱

965. 매일 저가 프라이싱(everyday low pricing)의 기본 철학은 판촉에 대한 투자를 줄이고, 그 절감분을 낮은 가격에 반영하는 것이다.

966. Walmart가 세계 최대 기업 중 하나로 성장함에 따라 **매일 저가 프라이싱(everyday low pricing)** 개념이 전 세계 소비자에게 널리 알려지게 되었다.

967. 고가/저가 프라이싱(high/low pricing)는 광고와 판촉 활동을 통해 고객 유입과 판매량을 높이기 위해 정기적으로 강력한 프로모션 프라이싱(periodic heavy promotional pricing)을 사용하는 전략이다.

968. 매일 저가 프라이싱(everyday low pricing tactic)을 사용하는 Walmart는 역사적으로 판촉(promotional) 활동에 막대한 투자를 해왔다. **[틀림]** ☞ EDLP 전략을 쓰는 기업은 프로모션에 큰 돈을 쓰지 않는다.

9) 옥션 프라이싱

969. 인터넷의 등장은 점점 더 많은 사람들이 온라인에서 만나 최고가를 제시하는 구매자에게 제품을 판매하면서 **경매 프라이싱(auction pricing)**의 증가를 가져왔다.

970. 판매자가 제품을 제시하고 구매자가 입찰하는 표준 경매 방식(standard auction approach) 외에도, 요즘은 판매자가 구매자의 계약을 따내기 위해 가격을 입찰하는 **역경매(reverse auctions)** 방식도 흔하게 사용된다.

971. Priceline.com은 항공사, 호텔, 크루즈 등의 미판매분(extra capacity)을 처리하는 중개소(clearinghouse) 역할을 한다. 이 회사는 **역경매(reverse auction)** 전략을 사용하는 회사의 사례이다.

가격 설정하기

972. 상품이나 서비스의 정확한 가격을 설정하기 위해, 마케팅 매니저들은 최적의 가격(optimal price)을 도출하기 위해 한 가지 이상의 계산 방법을 고려해야 한다. [맞음]

1) 원가 가산 프라이싱

973. 평균 원가 프라이싱(average-cost pricing)은 제품의 원가(costs for the offering)에 표준 마진(standardized markup)을 더해 가격을 결정하는 방식이다. [틀림] ☞ 제품의 원가에 표준 마진을 더해 가격을 결정하는 방식은 원가 가산 프라이싱(cost-plus pricing)이다.

974. Dyani는 Cute Cakes라는 고급 컵케이크 베이커리를 운영하고 있다. 그녀는 각 컵케이크를 만드는 데 드는 비용을 확인한 후, 그 위에 일정 금액을 더해 가격을 결정한다. Dyani는 **원가 가산 프라이싱(cost-plus pricing)**을 사용하고 있다.

2) 판매가 기준 마크업

975. James는 새로운 낚싯대에 적절한 가격을 책정하기 위해 판매 가격을 기준으로 마크업 비율을 계산한다. 그는 **판매가 기준 마크업(markup on sales price)** 접근법을 사용하고 있다.

3) 평균 원가 프라이싱

976. 평균 원가(average-cost) 프라이싱을 사용할 때는 주의가 필요하다. 수요량이 마케팅 매니저의 예측과 일치하지 않을 가능성이 있기 때문이다.

977. 평균 원가 프라이싱(average cost pricing) 전략의 위험 중 하나는 예측(forecast)에 대한 의존이다.

4) 목표 수익률 프라이싱

978. 고정비와 변동비(fixed and variable costs)의 변화하는 영향을 더 잘 반영하기 위해 마케팅 매니저들은 **목표 수익률(target return)** 프라이싱을 사용할 수 있다.

979. 평균 원가 프라이싱(average-cost pricing)과 마찬가지로, **목표 수익률(target return)** 프라이싱의 효과성은 예측의 정확도(accuracy of the forecast)에 크게 좌우된다.

980. **고정(fixed)** 비용은 판매량과 관계없이 시간이 지남에 따라 발생하고, **변동(variable)** 비용은 판매량에 따라 변동한다.

981. **총(total)** 비용은 고정 비용과 변동 비용(fixed and variable costs)을 더한 것이다.

982. 목표 수익률 프라이싱(target return pricing)을 사용하려면 먼저 총 **고정(fixed)** 비용을 계산해야 한다.

채널 프라이싱

983. 할인(discounts)은 구매자에게 직접적으로 즉시 가격을 인하(immediate reductions in price)해주는 방식이다.

984. Solid Surface라는 카운터탑(주방 조리대) 매장은 고객이 20일 이내에 대금을 전액 지불하면 10% 할인을 제공하지만, 20일이 지나면 할인을 받을 수 없다. 이것은 **현금 할인(cash discount)**의 사례이다.

985. 거래 할인(trade discounts)은 판매자에게 이익이 되는 기능(예: 재고 확보, 제품 서비스 수행 등)을 유통 채널 멤버가 수행하도록 유도하기 위한 인센티브이다.

986. 계절 할인(seasonal discounts)은 일반적으로 대금 청구서의 지불 기한을 상당히 연장해주는(extended invoice due dates) 형태로 표현된다.

987. 얼라우언스(allowances)는 사후에(after the fact) 구매자에게 금액을 환급해주는(remit monies) 방식이다.

988. 프로모션 얼라우언스(promotional allowance)는 소매업체가 제품 판촉 활동을 성공적으로 수행할 경우, 제품 마케터로부터 일부 비용을 보전 받을(receive some compensation) 수 있는 기회를 제공한다. [맞음]

989. Veggie Vitality는 소매업체가 자사 야채 스무디를 판촉 활동에 성공적으로 포함시키면 그 소매업체에 수표를 발송한다. Veggie Vitality는 소매업체를 유인하기 위해 **프로모션 얼라우언스(promotional allowances)**를 사용한다.

지리적 프라이싱

990. 구역(zone) 배송, 균일 배송(uniform delivered), FOB(free on board)은 유통 채널 내에서 실행할 수 있는 지리 기반 프라이싱의 옵션들(geographically-driven pricing options)이다. [맞음]

991. FOB 프라이싱 방식 중, 구매자의 위치에 상품이 도착할 때까지 소유권이 이전되지 않고 운송비가 판매자 부담인 것을 나타내는 것은 **FOB-도착지(FOB-destination)**이다.

992. Giovanni's Gems는 맨해튼에 있는 고급 이탈리아 가죽제품 매장이다. Giovanni는 웹사이트를 통해 온라인 판매도 하며, 미국 본토 48개 주 어디든 동일한 배송비를 부과한다. Giovanni는 **균일 배송(uniform delivered)** 프라이싱을 사용하고 있다.

993. 배송비(shipping prices)가 출고지(shipping location)에서의 거리에 기반하여 결정된다면, 이것은 **구역(zone)** 프라이싱이라고 본다.

가격 변경

994. 가격의 '최소식별차이(just noticeable difference: JND)'란 고객 수요에 영향을 주지 않으면서 인상할 수 있는 가격 증가폭을 의미한다. [맞음]

995. 고객 수요에 영향을 주지 않고 인상할 수 있는 가격 증가폭을 **최소식별차이**(just noticeable difference: JND)라고 한다.

996. 마케팅 믹스 변수 중 가격은 가장 쉽고 빠르게(easiest and quickest) 조정할 수 있는 요소이기 때문에, 기업들이 종종 추가 매출이나 시장 점유율 확보를 위해 가격 변경을 과도하게 사용하는(overuse) 경향이 있다. [맞음]

997. 경쟁사의 가격 인하에 대응하는 전략을 수립할 때는, 고객에 대한 전반적인 가치 제안(overall value proposition)의 관점에서 자사의 제공물(제품, 가격, 서비스 등의 총체)을 고려해야 한다.

프라이싱의 법적 측면

1) 가격 담합

998. 기만적 프라이싱(deceptive pricing)은 기업들이 서로 모의하여(collusion among companies) 높은 가격을 설정하고 경쟁을 제한하는 행위를 의미한다. **[틀림]** ☞ 이는 가격 담합(price fixing)에 대한 설명이다.

999. 다양한 경쟁사들이 모두 수익 극대화를 위해 동일한 가격을 설정하는 경우, 소비자 입장에서 전반적인 가격 인상이 초래될 수 있다. 이것을 **가격 담합(price-fixing)** 이라고 한다.

1000. 기업들이 상호 이익이 되는 높은 수준의 가격을 설정하기 위해 모의하는(collude) 경우, 이는 **가격 담합(price-fixing)** 에 해당한다.

1001. 여러 경쟁업체가 모두 동일한 가격을 책정하여 이익을 극대화할 경우, 소비자에게 전체적으로 높은 가격이 발생할 수 있다. 이러한 수평적 가격 담합(horizontal price-fixing)을 금지하는 법은 **셔먼(Sherman)법** 이다.

2) 가격 차별

1002. 로빈슨-패트먼 법(Robinson-Patman Act)은 판매자가 정당한 근거(substantive basis) 없이 서로 다른 고객에게 다른 가격을 제시하는 가격 차별(price discrimination)을 금지한다. [맞음]

3) 기만적 프라이싱

1003. Jameson은 프로모션 기간 동안 자동차 경보 시스템을 구입했다. 그는 할인 후 가격이 매력적이라고 느꼈지만, 나중에 그 회사가 할인 전 인위적으로 기준 가격을 높게 설정했다는 사실을 알게 되었다. Jameson은 **기만적 프라이싱(deceptive pricing)**을 경험한 것이다.

1004. 판매자가 매우 낮은 가격으로 상품을 광고하여 고객을 유인한 뒤, 실제로는 광고된 상품을 판매하지 않고 이보다 훨씬 비싸고 마진이 높은 유사 상품을 권유하는 경우, 이는 불법적인 **미끼 상술(bait and switch)** 행위에 해당한다.

1005. 경쟁자를 시장에서 몰아내기 위해 의도적으로 원가 이하로 판매한 뒤, 이후 가격을 급격히 인상하는 전략은 **약탈적 프라이싱(predatory pricing)**이라 불린다.

4) 프라이싱 관련 법률

1006. 과거에, **공정 거래법(fair trade laws)**은 도매상이나 소매상이 할인된 가격을 제공하지 못하도록 제한함으로써 제조업자가 인위적으로 높은 가격을 설정할 수 있게 했다.

1007. 최소 마크업 법(minimum markup laws)은 모든 제품에 일정 비율 이상의 마크업을 적용해야 한다고 규정한다.

1008. 로스 리더(loss leader)는 고객을 유인하기(attract) 위해 원가 이하의 가격에 판매되는 제품을 의미한다.

Domain 7.

DELIVER THE VALUE OFFERING

가치 제공물의 제공

가치사슬과 가치네트워크

1009. 가치 사슬(value chain)은 조직이 자사의 제품을 설계하고, 생산하고, 마케팅하고, 배송하고, 지원하는(design, produce, market, deliver, and support) 데 활용하는 일련의 주요 활동과 지원 활동(primary and support activities)의 조합을 보여준다. [맞음]

1010. 가치 네트워크(value network)는 기업이 조달하고(procure), 변형 및 향상시키고(transform and enhance), 결국 최종 형태의 제공물을 공급하기(supply) 위해 참여하는 공식적·비공식적 관계의 전체 시스템을 말한다.

1011. 최종 소비자든 유통 채널 내 고객이든, 많은 조직에서는 고객을 가치 네트워크(value network)의 중요하지 않은 구성원으로 간주한다. [틀림] ☞ 고객은 가치 네트워크의 매우 중요한 구성원에 속한다.

1012. 가치 네트워크 관점(value network perspective)은 시장으로 가는 모든 단계에서 **비용(costs)**을 절감하고 **프로세스 효율성(process efficiencies)**을 극대화하려는 치열한 경쟁 때문에 많은 기업이 채택하고 있는 거시적 수준의 전략 접근 방식(macro-level strategic approach)이다.

1013. Jenn은 자사 경쟁사에 대해 경쟁 우위를 확보하기 위해 가치 네트워크 접근 방식(value network approach)을 취하기로 결정했다. 네트워크 조직(network organizations) 관점에서 이 접근은 회사 운영을 더욱 **민첩하게(nimble)** 만든다.

1014. 가상 조직(virtual organization)은 사내의 많은 업무 기능과 활동을 제거하고, 가치 창출에 가장 적합한 영역에만 집중하는 방식이다.

1015. 가상 조직(virtual organization)은 다른 말로 **네트워크(network)** 조직이라고도 불린다.

1016. 공급망(supply chain)은 기업, 유통 채널 멤버, 최종 사용자 소비자 및 비즈니스 사용자 등 관련된 모든 조직을 포함한다.

1017. Keisha는 Walmart의 여러 주체들 사이에서 활동의 흐름을 감독하는 일을 맡고 있다. 그녀의 주된 목표는 이러한 가치 창출 활동들을 조율하여 가치를 극대화하고 수익을 높이는 것이다. 그녀가 담당하는 일은 **공급망 관리(supply chain management)**이다.

채널과 중간상

1018. 유통 채널(channel of distribution)은 상호 의존적인 주체들로 구성되어 있으며, 이들은 **제품의 소유권을 생산자로부터 소비자에게 이전한다**(transfer possession of a product from producer to consumer).

1019. 채널 멤버는 **생산자와 소비자**(producers and consumers) 사이에 자연적으로 존재하는 형태, 시간, 장소, 소유권(form, time, place, and ownership)의 격차(gaps)를 메움으로써 가치를 더한다.

1020. 채널은 교환 프로세스를 촉진하는 일련의 조직들 사이의 상호 의존적인 관계로 구성된 시스템이다(A channel is a system of interdependent relationships among a set of organizations that facilitates the exchange process). [맞음]

1021. 중간상(intermediaries)을 제거하면 항상 소비자가 돈을 절약할(save money) 수 있다. [틀림] ☞ 중간상은 소비자가 해야 할 수 있는 번거로운 일을 대신 함으로써 소비자의 총 비용을 줄일 수 있다. 따라서 중간상을 제거한다고 반드시 총비용이 줄어드는 것이 아니다.

1) 머천트 중간상 vs. 에이전트 중간상

1022. 다양한 유형의 중간상(intermediaries)이 존재하며, 일반적으로 머천트(상인형) 중간상(merchant intermediaries)과 에이전트(대리인형) 중간상(agent intermediaries)이라는 두 가지 주요 범주가 있다. [맞음]

1023. 유통 채널의 맥락에서, **머천트 중간상(merchant intermediaries)**은 제품의 소유권을 가진다(takes title).

1024. **에이전트(agent)** 중간상(intermediaries)은 물리적 유통, 거래 및 커뮤니케이션, 그리고 교환을 가능하게 하는 촉진 기능을 수행하지만 제품의 소유권은 갖지 않는다(they do not take title to the product).

1025. 에이전트 중간상(agent intermediaries)은 제품을 직접 구매하여 소유권을 가진다. **[틀림]** ☞ 에이전트 중간상은 소유권을 갖지 않는다.

2) 직접 채널 vs. 간접 채널

1026. **직접 채널(direct channel)**은 어떠한 중간상도 없이(no intermediaries) 생산자에서 최종 소비자 또는 기업 사용자에게 직접 전달된다.

1027. 하나 이상의 중간상(intermediary) 단계가 포함된 채널은 **간접 채널(indirect channel)**이다.

수직적 마케팅 시스템

1028. 수직적 마케팅(marketing) 시스템은 수직적으로 정렬된 네트워크로 구성되며, 통합된 시스템처럼 수행한다.

1029. 수직적 마케팅 시스템(vertical marketing system)은 독립된 개체들(independent entities)로 구성된다. **[틀림]** ☞ 독립된 개체가 아니라 통합된 시스템(unified system)이 맞다.

1) 기업형 VMS

1030. **기업형(corporate)** 수직적 마케팅 시스템에서, 채널 멤버가 다른 중간상의 지분을 매입함으로써 전방 또는 후방의 수직적 통합(backward or forward vertical integration)에 투자한다.

1031. 하나의 개체에 의해 유통 채널이 엄격하게 통제될(strictly controlled) 때 비용 및 프로세스 효율성이 실현됨으로써, **기업형(corporate)** 수직적 마케팅 시스템은 시장에서 강력한 경쟁우위(competitive advantage)를 창출한다.

1032. Nadia는 대형 탄산음료 유통업체에서 일한다. 이 회사는 자사 제조 시설에서 소비자에게 제품을 운송하기 위해 운송 회사를 인수하기로 결정했다. 이는 **기업형(corporate)** 수직적 마케팅 시스템(vertical marketing system)의 사례이다.

2) 계약형 VMS

1033. 계약형 수직적 마케팅 시스템(contractual vertical marketing system)의 한 예는 **프랜차이징(franchising)**이다.

1034. 프랜차이즈 운영(franchise operation)은 소기업 오너들을 위한 가장 잠재력이 높은 창업 및 성장 메커니즘이며, 유통 채널을 빠르고 효율적으로 확장하는 효과적인 방법이다.

1035. Local Farmers of Tampa Bay는 매일 시장에서 농산물을 판매한다. 이들은 비용 절감과 운영 규모의 경제를 얻기 위해 협력한다. 이것은 **소매 협동조합(retailer cooperative)**의 사례이다.

1036. 관리형(administered) 수직적 마케팅 시스템(vertical marketing system)에서는 채널 멤버 중 한 명이 채널을 통제하는 위치(position of channel control)에 있을 수 있다.

3) 관리형 VMS

1037. 관리형(administered) 수직적 마케팅 시스템(vertical marketing system)은 전략적 제휴(strategic alliances)나 파트너십 계약(partnership agreements)을 통해 채널 멤버들이 상호 협력을 약속할 때 보다 공식적으로 구성될 수 있다. Walmart와 Procter & Gamble의 관계가 이에 해당한다.

1038. 관리형(administered) VMS에서 주도적인 역할을 하는 구성원(lead player)을 채널 캡틴(channel captain)이라고 부른다. [맞음]

1039. 관리형 수직적 마케팅 시스템(administered vertical marketing system)에서는, 중간상 중 한 곳의 막대한 규모와 힘이 그를 통제하는 위치(position of control)에 서게 만든다. 이러한 상황에서 주도적인 역할을 하는 구성원(lead player)은 일반적으로 **채널 캡틴(channel captain)**이라 불린다.

1040. 전자제품을 판매하는 Core Inc.는 대규모 매입과 판매 운영 덕분에 규모의 경제를 누리며 채널 운영의 많은 측면을 통제한다. 이로 인해 시장에서 막대한 영향력을 행사한다. 관리형 수직적 마케팅 시스템(administered vertical marketing systems)의 맥락에서 Core Inc.는 **채널 캡틴(channel captain)**이다.

1041. 파트너 관계 관리 전략(partner relationship management(PRM) strategies)의 목표는 두 채널 멤버 간에 자원, 특히 지식 기반 자원을 공유하여 최적의 수익을 창출할 수 있는 관계(optimally profitable relationships)를 구축하는 것이다.

채널 파워

1042. 채널 파워(channel power)는 마케팅 채널의 어느 구성원이 다른 구성원에게 영향력을 행사할 수 있는 정도를 의미한다.

1043. 소비자(consumer)는 채널 파워의 원천이 아니다.

1044. 강압적(coercive) 파워는 채널 리더가 요청이나 기대에 따르지 않을 경우 부정적인 결과를 초래하겠다는 명시적 또는 암묵적 위협을 포함한다.

1045. 공급업체가 대형 체인점과 협력하려는 주된 이유는, 체인점이 대량 주문을 통해 막대한 **보상적(reward)** 파워를 제공할 수 있기 때문이다.

1046. 채널 멤버가 고유한 역량을 활용하여(utilizing their unique competencies) 다른 채널 멤버에게 영향을 미치는 접근 방식을 채택할 때, 이는 전문적 파워(expert power)이다. [맞음]

1047. 전문적(expert) 파워는 중요한 제품 지식을 공유하는 형태로 나타날 수 있다.

1048. 한 채널 멤버가 어떤 속성으로 인해 존경받을(respected, admired, or revered) 경우, 해당 구성원은 채널 내에서 **준거적(referent)** 파워를 가지게 된다.

1049. 법률적(legitimate) 파워는 프랜차이즈 계약(franchise agreements)이나 기타 공식 계약(other formal agreements)과 같은 계약(contracts)으로부터 발생한다.

채널 갈등

1050. 해결되지 않은 채널 갈등(unresolved channel conflict)은 협조적이지 않고 비효율적인 채널로 이어질 뿐만 아니라, 최종 소비자에게 **가격 상승(higher prices)**이라는 방식으로 영향을 줄 수 있다.

1051. 해결되지 않은 채널 갈등(unresolved channel conflict)은 결코 비협조적이고 비효율적인 채널(uncooperative and inefficient channel)을 초래하지 않는다. 그러나 최종 소비자에게는 열등한 제품, 불안정한 재고, 높은 가격(inferior products, spotty inventory, and higher prices) 등의 방식으로 영향을 미칠 수 있다. **[틀림]** ☞ 해결되지 않은 채널 갈등은 비협조적이고 비효율적인 채널로 이어지게 한다.

1052. 채널 멤버 간에 의견 충돌이 발생하고 관계가 악화될 때 **채널 갈등(channel conflict)**이 발생한다.

채널 의사결정

1053. 마케팅 플래닝(marketing planning) 시, 올바른 채널 의사결정(good channel decision)은 전체 계획 프로세스에서 가장 중요한 결정 중 하나일 수 있으며 경쟁자 대비 시장 우위(market advantage)를 가져올 수 있다. [맞음]

1054. 유통 전략(distribution) 전략은 집중적(intensive), 선택적(selective), 배타적(exclusive)일 수 있다.

1055. 최대한의 제품 노출을 채널 전반에 걸쳐 확보하는 것이 목표일 때, 가능한 모든 중간상(intermediary)을 활용하도록 설계된 전략은 **집약적 유통(intensive distribution)** 이다.

1056. 집약적 유통(intensive distribution)은 일반적으로 저가 **편의품(convenience goods)** 과 연관된다.

1057. 소비자가 제품을 보고 즉시 구매 욕구를 느끼고 바로 구매할 수 있어야 하기 때문에, **충동(impulse)** 제품은 집약적 유통(intensive distribution)에 적합하다.

1058. 배타적(exclusive) 유통은 종종 명성(prestige), 희소성(scarcity), 프리미엄 프라이싱(premium pricing)에 기반한 전반적인 포지셔닝 전략의 일부로 활용된다.

1059. Grape Inc.는 고급 와인을 주류 도매상에게 판매하며, 이들은 특정 고급 레스토랑과 호텔과 관계를 맺고 있다. Grape Inc.는 **배타적 유통(exclusive distribution)** 전략을 사용한다.

채널의 통제성과 적응성

1060. 마케팅 매니저들이 채널 내에서 통제성과 유연성의 균형(balance between control and flexibility)을 결정할 때는, **관련된 제품 유형**(the type of products involved)을 고려해야 한다.

푸시 전략과 풀 전략

1061. 푸시 전략과 풀 전략의 정도(degree of push versus pull)는 채널 구조와 관계(channel structure and relationships)를 형성하는 틀을 잡는 데 있어 근본적이며, 이는 제품 성공을 극대화하는 데 중요하다. [맞음]

1062. 푸시 전략(push strategy)에서는 대중 매체 광고(advertising in mass media), 다이렉트 마케팅, 쿠폰, 기타 소비자 직접 판촉 활동을 통해 채널 하단에서 상단으로(from the bottom of the channel upward) 중간상들(intermediaries)이 수요를 만들어내도록 기대한다. [틀림] ☞ 이는 풀 전략(pull strategy)에 대한 설명이다.

1063. 푸시 전략(push strategy)은 많은 판촉 활동(promotional activities)이 제조업체에서 유통 채널을 따라 아래로 전달된다는 것을 의미한다.

1064. 진열대 비용 지불(paying a shelf fee)은 푸시 전략(push strategy)의 사례이다.

1065. 풀(pull) 전략을 사용하는 제조업체는 최종 소비자(end-user consumer)에게 판촉 예산을 집중한다.

1066. 풀 전략(pull strategy)을 사용하는 제조업체는 **대중 매체 광고(advertising in mass media)** 활동을 할 것이다.

채널 중간상의 기능

1067. 채널 중간상(channel intermediaries)은 물리적 유통 기능(physical distribution functions), 거래 및 커뮤니케이션 기능(transaction and communication functions), 촉진 기능(facilitating functions) 등 다양한 구체적 기능을 제공함으로써 효용을 높인다.

1068. 로지스틱스(logistics)는 채널 중간상(channel intermediaries)의 기능이다. [맞음]

1) 물류 기능

1069. 한 중간상은 대형 소비재 제조업체들과 소형 소매업체들 모두와 협력한다. 이 회사는 제조업체로부터 대량의 상품을 구매하여 소매업체에 더 적은 양으로 나누어 판매함으로써 공간 제약과 재고 회전 요구를 충족시킨다. 이 중간상(intermediary)은 **벌크 분할(breaking bulk)**이라는 유통 기능(distribution function)을 수행하고 있다.

1070. Good Egg Co.는 지역 농가로부터 달걀을 구매한 후, 등급별로 분류하고 포장하여 대형 식료품점에 판매한다. Good Egg Co.는 **벌크 축적(accumulating bulk)** 유통 기능을 수행하고 있다.

1071. 중간상(intermediaries)은 여러 공급처에서 제품을 모은 후, 이를 소비자의 편의를 위해 채널 아래 단계로 제공할 때 **제품 구성 만들기(creating assortments)** 활동을 수행한다.

1072. 중간상(intermediary)을 채널에 도입하면 교환을 완료하는 데 필요한 **거래 수 감소(reducing transactions)**에 기여할 수 있다.

1073. 저장(storage)은 가장 일반적으로 수행되는 채널 중간상 활동(channel intermediary activities) 중 하나이다.

2) 거래 및 커뮤니케이션 기능

1074. 거래 및 커뮤니케이션 기능(transaction and communication functions)의 수행은 채널 내에서 중간상(intermediary)이 기여하는 범주 중 하나이다. [맞음]

3) 촉진 기능

1075. 중간상이 수행하는 촉진 기능(facilitating functions)에는 자금 조달(financing) 및 시장 리서치(market research) 등의 다양한 활동이 포함된다. [맞음]

1076. 자금 조달(financing), 시장 리서치(market research), 위험 부담(risk-taking) 및 기타 서비스는 **촉진(facilitating)** 기능으로 간주된다.

1077. Big Market은 지역 농부들로부터 다양한 과일을 구매하여 지역 식당과 소매업체에 판매한다. 만약 과일이 판매되기 전에 썩게 되면 손실은 Big Market이 감당한다. 이 경우 중간상으로서 Big Market은 **위험 부담(risk-taking)** 기능을 수행하는 것이다.

중간상 제거와 e채널

1078. 중간상 제거(disintermediation)는 마케팅 채널에서 하나 이상의 중간상을 제거하여 채널을 축소하거나 단축하는(shortening or collapsing) 것을 의미하며, 이는 전자 채널(electronic channel)에서 흔히 볼 수 있다.

1079. 중간상 제거(disintermediation)는 기계적 채널(machining channel)에서 흔히 발생한다. [틀림] ☞ 기계적 채널이 아니라 전자적 채널(e-channel)이라고 해야 한다.

1080. 아웃소싱(outsourcing)은 기업이 공급망 활동의 대부분 또는 전부를 해당 분야의 전문가인 제3자 조직(third-party organizations)에 위탁하는 것을 의미한다.

1081. 많은 기업들이 핵심 비즈니스에 더 집중하기 위해 아웃소싱이나 제3자 로지스틱스(outsourcing or third-party logistics)를 활용하고 있다. [맞음]

로지스틱스

1082. 물리적 유통(physical distribution) 즉 로지스틱스(logistics)는, 투입 자재(input materials)를 생산자에게 이동시키고, 공정 중 재고(in-process inventory)를 기업 내부를 통해 이동시키며, 완제품(finished goods)을 유통 채널을 통해 외부로 이동시키는 통합된 프로세스이다. [맞음]

1083. 인바운드 로지스틱스(inbound logistics)는 생산이 시작되기 전까지 외부 공급업체로부터 자재 및 지식 자원(materials and knowledge inputs)을 조달하는 것을 의미한다.

1084. 아웃바운드(outbound) 로지스틱스는 생산으로부터 시작하여 최종 제품이 고객에게 전달되는 것으로 끝나는 프로세스를 말한다.

1085. Venus Office Supplies는 고객이 빈 프린터 카트리지를 반납하면 0.50달러 쿠폰을 제공한다. Venus는 이 카트리지를 수집한 후 제조업체로 보내어 재활용하도록 한다. 이것은 **역 로지스틱스(reverse logistics)**의 사례이다.

1) 주문 처리

1086. 고객 주문을 접수하고 적절히 처리하는 일(receiving and properly processing customer orders)은 제품이 공급망(supply chain)으로 이동하기 전에 이루어진다. [틀림] ☞ 공급망 내에서 일어난다.

1087. 제품이 재고에 없을 때, 이를 **품절(stock-out)**이라고 하며, 이 경우 인바운드 보충(replenishment) 프로세스가 작동된다.

2) 자재 핸들링

1088. 이상적인 공급망(ideal supply chain)에서는 모든 자재(materials of all kinds)가 가능한 한 여러 번(as many times as possible) 취급되어야 한다. **[틀림]** ☞ 이상적인 공급망에서는 모든 종류의 자재가 가능한 한 적은 횟수로 취급된다.

3) 재고 관리

1089. 물류 및 기타 프로세스는 정교하게 통합된 **전사적 자원 관리(enterprise resource planning systems: ERP) 시스템**을 통해 관리된다.

1090. ERP의 일부인 **자재 소요 계획(materials requirement planning: MRP)**은 생산 지연을 최소화하기 위해 공급자로부터의 인바운드 자재를 전반적으로 관리하는 데 도움을 준다.

1091. 원자재와 완제품 재고가 고객 수요를 지연 없이 충족할 수 있도록 하기 위해, 기업들은 정교한 **적시 재고 관리 시스템(just-in-time inventory control systems)**을 활용한다.

리테일링

1092. 공급망에서 제품의 최종 소비자와 접점이 되는 지점을 **소매(retailing)**라고 한다.

1093. 소비자의 개인적, 비사업적(personal, nonbusiness) 소비를 위해 재화와 서비스를 제공함으로써 가치를 창출하는 모든 비즈니스 활동을 **소매(retailing)**라고 한다.

1094. 전자상거래(e-commerce)는 대부분 기업의 마케팅 전략에서 중심적인 요소가 아니다. **[틀림]** ☞ 중심적인 요소이다.

1) e-리테일링

1095. 전자 소매(electronic retailing)는 가장 빠르게 성장하는 소매 형태이다.

1096. 전자 소매(electronic retailing)란 인터넷을 통해 소비자에게 제품이나 서비스를 알리고 판매하는 것(communication and sale)이다. [맞음]

1097. 웹사이트를 평가할 때 핵심 지표(key measures) 중 하나는 방문자가 사이트에 머무르며 탐색하는 시간인 "스티키니스(stickiness)"이다. [맞음]

B2B e커머스

1098. 인터넷은 기업과 소비자 간의 상호작용 방식을 변화시켰지만, B2B 고객 인터페이스(B2B customer interfaces)에서는 성공하지 못했다. **[틀림]** ☞ 인터넷은 B2B 고객과의 소통도 크게 변화 시켰다. 예: 알리바바, 아마존 비즈니스.

1099. 고객이 다른 고객들, 스폰서 기업, 그리고 생태계 내의 다른 사람들과 아이디어를 공유하고 상호 관심 주제에 대해 협업하기 위해 모이는 웹사이트는 **고객 커뮤니티(customer communities)**라고 불린다.

공급망의 법적 이슈

1100. 공급자가 중간상에게 경쟁사의 제품을 판매하지 못하게 제한하는 계약을 만들면, 이는 **배타적 거래(exclusive dealing)**에 해당한다.

1101. 제품 이미지 유지 등, 전략적인 이유로 배타성(exclusivity)이 필수적임을 양측이 입증할 수 있다면, **배타적 거래(exclusive dealing)**는 합법일 수 있다. [맞음]

1102. 생산자(producer)는 언제나 중간상(intermediary)에게 배타적 영역(exclusive territory)을 부여할 수 있다. [틀림] ☞ 배타적 영역은 모두 불법도 아니고 모두 합법도 아니다. 경쟁을 부당하게 제한하다면 불법이 될 것이다.

1103. NextGen Electronix Inc.는 Erbia 시에 있는 전자제품 도매업체이다. 이 회사는 CellDer Inc.가 제조한 제품을 판매하며, 해당 도시에서 이 제품을 독점적으로 판매하는 유일한 중간상이기 때문에 독점권을 누리고 있다. 이는 **배타적 영역(exclusive territory)**의 사례이다.

1104. 판매자가 중간상이 원하는 주요 제품을 구매하기 위해 부수적 제품(supplementary product)을 함께 구매하도록 요구할 경우, 이는 **끼워 팔기 계약(tying contract)**을 초래한다.

1105. 한 문구점이 학생들에게 학기 필수 도서를 모두 구입할 경우, 펜과 연필을 5% 할인해 주기로 한다면, 이는 **끼워 팔기 계약(tying contract)**의 사례이다.

Domain 8.

COMMUNICATE THE VALUE OFFERING

가치 제공물의 커뮤니케이션

프로모션의 개념

1106. 프로모션 전략의 개발에는 **프로모션 믹스의 요소들(elements in the promotion mix)**에 대한 의사결정이 포함된다.

1107. 프로모션 믹스 전략(promotion mix strategies)의 개발은 회사의 제공물을 시장에 가장 효과적으로 전달할 수 있는 요소의 조합에 대한 의사결정을 포함한다. [맞음]

1108. 특정 제품이나 제품 라인에 대한 프로모션 전략의 효과성과 효율성은 종종 가격 변동(price fluctuations)을 기준으로 추적된다. [틀림] ☞ 가격 변동이 아니라 프로모션 예산의 지출 금액에 따라 추적(분석)된다.

1109. 가격(price)은 프로모션 믹스(promotion mix)에 포함되지 않는다.

1110. 마케팅 매니저는 프로모션의 기본(basics of promotion)을 이해할 필요가 없다. 왜냐하면 영업(sales)은 마케팅과 별개이기 때문이다. [틀림] ☞ 영업과 마케팅은 별개가 아니다.

프로모션 믹스

1111. 한 마케팅 매니저가 많은 수의 고객에게 창의적인 방법으로 효율적으로 도달하고자 하며, 매체의 제작 비용에는 크게 신경 쓰지 않는다. 이 매니저의 고려사항을 바탕으로 가장 적절한 프로모션 형태는 **광고(advertising)**이다.

1112. 다음 중 무료 커뮤니케이션(unpaid communication)에 기반한 프로모션 형태는 **PR(public relations)**이다.

1113. 고객의 태도, 의견, 행동(attitudes, opinions, and behaviors)에 영향을 미치는 방법으로써, PR은 뉴스 기사(news stories)나 공개 행사에서의 언급(mentions at public events)과 같은 **퍼블리시티(publicity)**를 사용한다. [맞음]

1114. 어떤 마케팅 매니저는 무료 커뮤니케이션(unpaid communication)이 유료 커뮤니케이션보다 더 신뢰받는다고 생각한다. 이 매니저의 고려사항을 바탕으로 가장 적절한 판촉 수단은 **PR(public relations)**이다.

1115. 판매 촉진(sales promotion)은 고객이 제품을 구매하거나 영업사원이 제품을 판매하도록 유도하기 위해 쿠폰과 같은 인센티브를 제공한다.

1116. 어떤 마케팅 매니저는 구매를 자극하기 위한 직접적인 인센티브를 원하지만, 다른 형태의 프로모션과 함께 작동하는 무언가를 원한다. 이 매니저의 고려사항을 바탕으로 가장 적절한 프로모션 형태는 **판매 촉진(sales promotion)**이다.

1117. 인적 판매(personal selling)는 고객과 일대일로 이루어지는 커뮤니케이션(one-to-one personal communication)이다.

1118. Brianna는 고객과의 아이디어에 대한 강력한 양방향 커뮤니케이션(two-way communication)을 원하며, 고객의 혼란을 직접 해소하고 구매를 설득하는(directly ease customer confusion and persuade them to purchase) 것을 매우 중요하게 생각하는 마케팅 매니저이다. 그녀는 고객 한 명당 비용이 많이 드는 것은 개의치 않는다. 이 매니저의 고려사항을 바탕으로 가장 적절한 판촉 수단은 **인적 판매(personal selling)**이다.

1119. 기업과 고객 간의 기술 중심 관계(technology-driven relationship)를 의미하는 것은 **인터랙티브 마케팅(interactive marketing)**이다.

1120. 프로모션 믹스 요소 중에서 소셜 미디어 마케팅의 고유한 강점(strength specific to social media marketing) 중 하나는 **인적 판매의 높은 비용 없이 메시지를 맞춤화 할 수 있다(message customization without high costs of personal selling)**는 것이다.

1121. 한 마케팅 매니저가 고객과의 강한 관계를 구축하고, 큰 비용 없이 메시지를 맞춤화하고자 한다. 그는 관계 구축과 메시지 맞춤화를 위해 CRM 데이터베이스의 지속적인 업데이트가 필요하다는 점을 이해하고 있으며, 그 업데이트를 위해 전담 인력을 고용할 계획이다. 이 매니저의 고려사항을 바탕으로 가장 적절한 프로모션 믹스 요소는 **디지털 및 소셜 미디어 마케팅(digital and social media marketing)**이다.

프로모션의 3대 능력

1122. 다음 중 고객에게 기업이 제공하는 새로운 제품이나 브랜드를 알리는 데 활용되는 프로모션의 능력은 **알리기(to inform)**이다.

1123. "건설 프로젝트가 Caterpillar 장비를 Kamatsu 대신 임대해야 하는 이유는 무엇인가?", "Toyota Camry의 장점은 Honda Accord에 비해 무엇이며, 그 반대의 경우는 어떠한가?"과 같은 질문은 프로모션 능력 중 **설득하기(to persuade)**에 해당한다.

1124. Coca-Cola는 기존 고객의 브랜드 로열티를 유지하기 위해 프로모션에 추가 투자를 계획하고 있다. Coca-Cola가 보여주는 프로모션의 능력은 **상기시키기(to remind)**이다.

프로모션 전략 프로세스

1125. 프로모션 전략 프로세스(promotion strategy process)에서 매니저가 가장 먼저 해야 할 단계는 **프로모션 타겟 식별하기(identify targets for promotion)**이다.

1126. 마케팅 매니저가 프로모션 전략에서 마지막으로 수행해야 할 요소는 **성과 측정 기준 수립(establish measures of results)**이다.

프로모션의
풀 전략과 푸시 전략

1127. 푸시 및 풀 프로모션 전략(push and pull promotional strategies)은 서로 독립적으로(independently) 사용되는 경우는 드물다. [맞음]

1128. 푸시 전략(push strategy)에서는 **프로모션 타겟으로 설정된 유통 채널 멤버들**(members of the channel who are targeted for promotion)에 초점을 맞춘다.

1129. 푸시 전략(push strategy)에서 초점은 **유통 채널**(the channel of distribution)에 있다.

1130. 푸시 전략(push strategy)은 일반적으로 판매 촉진과 함께 **인적 판매**(personal selling)를 유통 채널 멤버에게 향하는 방식에 의존한다.

내부 마케팅

1131. 마케팅 개념과 전략(marketing concepts and strategies)을 조직 내부에 적용하는 것을 **내부 마케팅(internal marketing)**이라고 한다.

1132. 내부 마케팅(internal marketing)은 내부 활동(internal activities)이 외부 마케팅 결과(external marketing results)에 어떤 영향을 미치는지를 설명하는 것이다. **[틀림]** ☞ 해설: 내부 마케팅은 조직 내부에서 마케팅 개념과 전략을 적용하는 것이다.

AIDA 모델

1133. AIDA 약어는 태도(attitude), 관심(interest), 욕구(desire), 활동(activity)을 의미한다. **[틀림]** ☞ 맨 처음의 A는 attention이고, 마지막의 A는 action이다.

1134. **태도(attitude)**는 AIDA 모델의 일부가 아니다.

1135. **태도(attitude)**는 AIDA의 약자에 포함되지 않는다.

1136. 결과만 좋다면, AIDA 모델의 단계 순서(order of the steps)는 중요하지 않다. **[틀림]** ☞ AIDA 모델은 그 순서가 중요하다.

1137. AIDA 모델의 인지적(cognitive) 단계는 **주목(attention)**이다.

1138. AIDA 모델의 감정적(affective) 단계는 **관심과 욕구(interest and desire)**이다.

1139. AIDA 모델의 행동적(behavioral) 단계는 **행동(action)**이다.

1140. AIDA 모델의 **주목(attention)** 단계에서, 마케팅 매니저는 주로 시장의 혁신자와 초기 수용자(innovators and early adopters)에게 제공물의 인지도(awareness)를 높이기 위한 프로모션을 사용한다.

1141. 잠재 고객의 주목(potential customer's attention)을 끌기 위해서는 대중들에게 어필하는 형태의 프로모션, 특히 광고와 **PR(public relations)**에 대한 투자가 필요하다.

1142. Toyota가 Prius를 처음 출시할 때, 하이브리드 자동차에 대한 떠오르는 니즈에 대한 인지를 구축하고 하이브리드 자동차가 실제로 무엇인지 잠재 고객들에게 교육하는 데 많은 노력을 기울였다. 이것은 AIDA 모델의 **주목(attention)** 단계에 해당한다.

1143. AIDA 모델의 **욕구(desire)** 단계에서는, 고객이 해당 제품을 꼭 가져야 하며 그것 없이는 못 산다고 느끼도록 프로모션 메시지(promotional message)가 변경된다.

1144. AIDA 모델의 행동(action) 단계에서, 영업 사원(salespeople)과 맞춤형 다이렉트 및 인터랙티브 마케팅(customized direct and interactive marketing)이 처음으로 프로모션 믹스에 들어온다. **[틀림]** ☞ 문제에서 말하는 단계는 행동 단계가 아니라 욕구(desire) 단계이다.

1145. Sonja가 새 Samsung 폰을 산 후, 회사 동료들에게 광고에서 본 새 기능들을 자랑했다. 다음 날, 그 동료들 중 세 명이 같은 휴대폰을 구입했다. 손자의 행동을 통해 생성된 AIDA 모델의 단계는 **욕구(desire)** 이다.

1146. 소비자는 AIDA 모델의 행동(action) 단계에서 구매를 한다(make a purchase). **[맞음]**

1147. 궁극적인 구매(ultimate purchase)를 유도하기 위해, 마케터는 종종 **영업사원(salespeople)** 에 의존해 판매를 성사시킨다(close the sale).

1148. 젊은 소비자일수록 '판매 당하는 것(sold to)'을 원하며, 의사결정을 위한 객관적인 정보 출처(objective information sources)를 높게 평가한다. **[틀림]** ☞ 젊은 소비자일수록 '판매 당하는 것'을 원치 않는다.

디지털 마케팅의 개념

1149. 디지털 기술(digital technologies)은 조직이 고객과 연결하고(connect) 소통하는(communicate) 방식을 근본적으로 변화시키지 않았다. **[틀림]** ☞ 근본적으로 변화시켰다.

1) 디지털 마케팅 미디어

1150. **언드(earned)** 미디어는 고객이나 상업적 실체가 자발적으로 기업의 마케팅 커뮤니케이션 채널이 되어주는 것으로써, 비용이 들지 않는다(at no cost).

1151. Carrie는 요리 블로그를 운영하며, 영양가가 높고 구하기 쉬운 제품이라고 느끼면 종종 브랜드 이름을 언급한다. 이것은 **언드(earned)** 미디어의 사례이다.

디지털 광고의 종류

1152. 다음 중 웹사이트의 페이지 내에 표시되며, 웹페이지의 주요 콘텐츠와 광고가 명확히 구분되는(clearly demarcates) 광고 유형은 **디스플레이 광고(display ads)**이다.

1153. 온라인 광고 의사결정의 맥락에서, 시청자가 의도된 웹페이지로 이동하기 전에 전체 페이지를 차지하며 시각적으로 매력적인 광고는 **인터스티셜(interstitials)**이다.

1154. 웹사이트의 콘텐츠 형식과 스타일에 자연스럽게 어울리도록 설계된 디지털 광고는 **네이티브 광고(native)** 광고라고 한다.

웹사이트 인터페이스의 7대 차원

1155. 고객 웹사이트 인터페이스(customer website interfaces)에는 여러 요소가 있으며, 그 중 하나는 정확성(correctness)이다. **[틀림]** ☞ 정확성은 7가지 차원에 속하지 않는다.

1156. 연구자들이 웹사이트 인터페이스를 정의할 때 사용하는 7가지 차원 중 하나인 **컨텍스트(context)**는 사이트의 전반적인 레이아웃, 디자인, 미적 매력을 의미한다.

1157. 커뮤니티(community)는 사이트가 사용자 간 커뮤니케이션을 가능하게 하는 다양한 방식을 의미한다.

1158. 웹사이트의 고객 인터페이스 디자인 요소 중 하나인 **맞춤화(customization)**는 사이트가 다양한 사용자에 맞춰 조정되거나, 사용자가 사이트를 개인화 할 수 있는 능력을 말한다.

1159. Yahoo는 사용자들이 자신만의 Yahoo 경험을 만들 수 있도록 하여, 웹페이지의 모습(look)과 콘텐츠를 정의할 수 있게 한다. 이는 웹사이트의 고객 인터페이스 중 **맞춤화(customization)**를 나타낸다.

1160. 커뮤니케이션(communication)은 기업이 고객과 세 가지 주요 방식으로 상호작용할 수 있도록 하는 상호작용적 채널(interactive channel)이다.

1161. 연구자들이 웹사이트 인터페이스를 정의할 때 사용하는 7가지 차원 중 하나인 **상거래(commerce)**는 사이트가 거래를 가능하게 하는 능력을 의미한다.

마이크로사이트

1162. 회사의 주요 웹사이트 외에도, 많은 기업들은 새로운 제품 소개나 대규모 제품 포트폴리오 내의 특정 제품을 다루는 작고 집중적인 사이트(smaller, more focused sites)를 만든다. 이러한 사이트를 **마이크로사이트(microsites)**라고 한다.

1163. Sony가 PlayStation®4를 출시했을 때, 신제품을 위한 별도의 웹사이트를 만들었다. 이것은 마이크로사이트(microsite)의 사례이다. [맞음]

SEO

1164. 메시지만 명확하다면(as long as the message is clear), 인터넷 검색 결과 목록에서 회사가 어디에 표시되는지는 거의 중요하지 않다. **[틀림]** ☞ 검색 결과에서 노출 위치는 매우 중요하다. 마케팅 메시지가 아무리 명확하게 존재한다고 하더라도, 상위에 노출되지 않아 사람들이 잘 클릭하지 않는다면 그 효과는 낮을 것이다.

모바일 마케팅

1165. M-커머스는 모바일 기기를 사용하여(with a mobile device) 이루어진 구매를 말한다.

1166. 컴퓨터에서 사용 가능한 웹사이트 기능(website feature)은 스마트폰에서도 동일한 결과를 내며(with the same results) 사용할 수 있다. [틀림] ☞ PC에서 사용 가능한 일부 기능(예: 드래그앤드롭, 마우스오버 등)은 모바일에서 수행되지 않는 경우가 있다.

1167. 지오로케이션 마케팅(geolocation marketing)은 메시지를 전달하고 기타 마케팅 의사결정(marketing decisions)을 하기 위해 지리적 데이터(geographic data)를 활용하는 것이다. [맞음]

1168. Banu는 보험사로부터 스마트폰으로 보험금 청구 현황을 확인할(check on a claim) 수 있는 프로그램을 다운로드했다. 처음 사용했을 때, 새 상품에 대한 팝업이 나타났고, 자세한 정보를 확인할 수 있는 버튼도 함께 있었다. 이것은 인앱 광고(in-app ad)라고 한다. [맞음]

소셜 미디어 마케팅

1169. 소셜 미디어 마케팅(social media marketing)에서 마케팅 매니저들이 직면하는 가장 큰 과제 중 하나는 소셜 미디어 캠페인의 가치(social media campaign's value)를 측정하는 것이다. [맞음]

1170. 소셜 네트워크(social network)의 현대적 해석은 기술을 통해 연결된 사람들의 집단(a group of people connected through technology)을 의미한다.

1171. 조직은 가장 관련성 높은(only the most relevant) 소셜 네트워킹 플랫폼들에만 참여해야 한다.

1172. 기업들은 소셜 미디어 사이트에 최근의 게시물을 자주(current and frequent postings) 올리는 데 너무 많은 시간을 쏟고 있다. 그러나 그것은 그리 중요하지 않다. [틀림] ☞ 소셜 미디어의 게시물 최신 업데이트는 매우 중요하다.

소셜 네트워크 플랫폼 종류

1173. Twitter에서 특히 문제가 되는 단점 중 하나는 사용자들이 질문이나 댓글에 매우 빠르고 시기적절한 응답(very quick and timely response)을 기대한다는 점이다.(주. Twitter는 현재의 X이다)

1174. Twitter는 사용자가 자신이 느끼고 생각하는 것에 대한 짧고 즉각적인 통찰(핵심적인 문구)을 제공하는 소셜미디어 사이트이다.

1175. Twitter는 현재 세계에서 가장 큰 소셜 네트워크 플랫폼이다. **[틀림]** ☞ 가장 큰 소셜 네트워크는 Facebook이다.

1176. Facebook는 원래 대학생들이 서로 연결되도록 하기 위해 시작된 사이트이다.

1177. 소셜 네트워크 맥락에서, LinkedIn는 직장인을 대상으로 하며, 직장인인 오디언스에게 적합한 콘텐츠라는 점에서 몇 가지 뚜렷한 장점을 제공한다.

1178. Cho는 해고된 후 새 일자리를 구해야 했다. 친구는 그녀에게 이력서를 LinkedIn에 올리라고 제안했다. 이 사이트는 일하는 직장인과 채용을 위해 이 사이트를 활용하는 기업을 위한 소셜 미디어 사이트이다.

1179. Snapchat의 독특한 특징 중 하나는 공유된 정보가 **일시적(temporary)**이라는 점이다.

바이럴 마케팅

1180. 바이럴 마케팅은 고객이 마케팅 메시지를 다른 잠재 고객과 공유하도록 장려하는 트렌드이다(Viral marketing is a trend that encourages customers to share a marketing message with other potential customers). [맞음]

1181. 영상 클립, 이미지, 메시지, 전자책 또는 기타 콘텐츠를 제작하여 그것이 소셜 네트워크의 개인이나 구전을 통해 전파되도록 하는 프로세스를 **바이럴 마케팅(viral marketing)**이라고 한다.

1182. **바이럴 마케팅(viral marketing)**은 개인 사용자들이 마케팅 커뮤니케이션 채널로서 작용함으로써 마케팅 캠페인을 잠재적으로 대규모인 청중에게 확산시켜준다.

1183. 소셜 네트워크의 즉시성과 개인화(immediacy and personalization), 더 나아가 웹 자체(web itself)는 **바이럴 마케팅(viral marketing)**을 위한 환경을 만들어 준다.

1184. 특정 고객을 대상으로 바이럴 마케팅 캠페인을 시작하기 위한 계획을 **씨딩 전략(seeding strategy)**이라고 한다.

제품 및 서비스 리뷰 사이트

1185. 최근 연구에 따르면 미국인의 약 70%는 **구매하기**(making a purchase) 전에 사용자 리뷰 사이트(user review site)나 독립 리뷰 사이트(independent review site)를 참고한다.

1186. CNET, Urbanspoon, Consumersearch는 **제품 및 서비스 리뷰 사이트**(product and service review sites)의 사례에 해당한다.

1187. 기업이 제품 사용자 리뷰 사이트(product user review sites)에서 긍정적인 평가를 남긴 고객에게 금전적 보상을 제공할 경우, 이는 **윤리적**(ethical) 선을 넘는 것이다.

온라인 브랜드 커뮤니티

1188. P&G는 독립 사이트가 아닌 자사 웹사이트에서 고객과 의미 있는 상호작용을 유도하고자 한다. P&G는 **온라인 브랜드 커뮤니티**(online brand communities)의 가치를 인식하고 있다.

광고의 기본 개념

1189. 많은 사람들이 광고가 마케팅과 동일하다고(synonymous) 믿는다. [맞음]

1190. 신문(newspaper)은 측정 가능한 미디어(measured media)의 사례이다.

1191. 고객은 특정 광고 캠페인에 빠르고 쉽게 싫증을 느낄(quickly and easily become bored) 수 있으며, 이러한 개념을 광고 마모(advertising wearout)라고 한다. [맞음]

1192. 고객은 특정 광고 캠페인에 빠르고 쉽게 싫증을 느낄 수 있으며(quickly and easily become bored), 이러한 개념을 광고 **마모(wearout)**라고 한다.

1193. 광고의 문제점 중 하나는 일정 수준 이상의 광고 지출 이후에는 수익이 감소하는 경향이 있다는 것이다. 즉, 지출을 계속하더라도 시장 점유율이 더 이상 증가하지 않거나 심지어 감소하기 시작하기도 한다. 이는 **광고 반응 함수(advertising response function)**로 알려져 있다.

광고의 두 가지 유형

1194. 광고에는 두 가지 주요 유형(major types)이 있다: 제품 광고(product advertising)와 서비스 광고(service advertising). **[틀림]** ☞ 기관 광고와 제품 광고로 분류하는 것이 일반적이다.

1) 기관 광고

1195. 기관(institutional) 광고의 목표는 특정 제품보다 더 넓은(broader than a specific product) 산업, 기업, 브랜드군 또는 기타 이슈(industry, company, family of brands, or some other issues)를 알리는(promote) 것이다.

1196. 제품 광고(product advertising)의 목표는 산업, 기업 또는 브랜드군(industry, company, or family of brands)을 홍보하는 것이다. **[틀림]** ☞ 이는 기관광고에 대한 설명이다.

1197. 기관 광고(institutional advertising)는 제품 수명 주기와 AIDA 모델의 초기 단계에서(during the early phases of the product life cycle and aida model) 잠재 고객의 신뢰감을 높일 수 있으므로 특히 현명한 전략이다. [맞음]

1198. Murphy Bros는 지역 신문 여러 곳에 자사의 설립 배경과 지역 사회에 미치는 긍정적인 영향을 다룬 광고를 게재했다. 이것은 **기관(institutional)** 광고의 한 사례이다.

1199. California Milk Advisory Board(캘리포니아 우유 자문 위원회)는 텔레비전에서 전국적인 광고 캠페인을 진행하고 있다. 광고는 "행복한 소"를 특징으로 하며, "훌륭한 치즈는 행복한 소로부터 온다. 행복한 소는 캘리포니아에서 온다."라는 문구를 담고 있다. 위원회는 광고에 눈에 띄게 표시된 로고를 개발했으며, 소비자가 유제품 매장에서 치즈를 고를 때 이 로고를 보고 다른 치즈 대신 그것을 선택하기를 기대하고 있다. 이는 **기관(institutional)** 광고의 한 사례이다.

2) 제품 광고

1200. 기관 광고(institutional advertising)의 목표는 특정 제품(specific offering)의 구매를 증가시키는 것이다. [틀림] ☞ 이 설명은 제품 광고(product advertising)에 대한 것이다.

1201. 광고의 대부분은 **제품(product)** 광고이다.

A. 개척 광고

1202. 개척 광고(pioneering advertising)는 제품 수명 주기(product life cycle)의 도입기 및 성장 초기에(during the introductory and early growth stages) 사용되는 경향이 있다. [맞음]

1203. AIDA 모델 관점에서 **개척(pioneering)** 광고는 인지도(awareness)와 초기 관심(initial interest)을 얻고자 하며, 주로 제품의 성장 초기 단계(early growth stages of a product)에서 사용된다.

B. 경쟁 광고

1204. **경쟁(competitive)** 광고는 세 가지 주요 제품 광고 유형 중 하나이다.

1205. **경쟁(competitive)** 광고는 제품 수명 주기(product life cycle)의 성장기 및 성숙 초기 단계(growth and early maturity stages)에서 활발히 사용된다.

1206. 마케팅 매니저들은 특정 브랜드의 판매를 증대시키기 위해 **경쟁(competitive)** 광고를 활용한다.

C. 비교 광고

1207. 두 개 이상의 브랜드가 특정 속성에 대해 서로 비교되는 경우, 이는 **비교(comparative)** 광고로 간주된다.

1208. Apple은 유머러스한 TV 광고 시리즈를 방영했으며, 여기서 두 남자가 나란히 서서 맥과 PC의 기능에 대해 서로 농담을 주고받았다. 이것은 **비교(comparative)** 광고의 한 사례이다.

1209. 비교(comparative) 광고는 제품 수명 주기(product life cycle)의 성숙기(maturity stage) 동안 흔히 사용되지만, 브랜드가 리더인 경우에는 피하는 것이 좋다.

1210. 비교 광고(comparative advertising)는 브랜드가 **자사 제품군 내에서 리더가 아닌(is not the leader in its product category)** 경우에 효과적이다.

1211. JK 모터스는 자동차 산업의 선두주자(leader)이므로, 자사 광고에 비교 광고(comparative advertising)를 사용해야 한다. **[틀림]** ☞ 업계 리더는 비교 광고를 사용하지 않는 것이 좋다.

광고의 측정

1212. 도달률(reach)과 빈도(frequency)가 낮을수록 광고 캠페인의 비용은 더 높아진다. **[틀림]** ☞ 도달률과 빈도는 광고비와 비례한다.

1213. 빈도(frequency)는 타겟 시장의 한 사람이 메시지에 노출되는 평균 횟수를 측정한다.

1214. Starbucks는 Super Bowl 기간 동안 새로운 광고를 방영했다. 그 회사는 이 광고를 이벤트 중 시청한 사람들의 퍼센트를 알고자 했다. Starbucks는 이 광고의 **도달률(reach)**을 측정한 것이다.

1215. 광고가 정보와 이미지를 전달하는 방식을 광고 결과(advertising results)라고 한다. **[틀림]** ☞ 광고 성과가 아니고 광고 실행이라고 한다.

광고 실행의 접근법

1216. **판타지 창조(fantasy creation)**는 광고 실행(advertising execution) 방식 중 하나로, 고객이 제품을 구매했을 때의 상상적인 장면(imaginative look)을 제공한다.

1217. 외계 생명체들이 사람의 입 안에서 충치를 공격하는 장면이 나오는 광고는 **판타지 창조(fantasy creation)** 방식의 광고 실행(advertising execution) 사례이다.

1218. P&G는 자사의 제품을 사용하는 사람들의 모습을 자주 광고로 보여준다. 예를 들어, 가족이 Swiffer로 반려견의 털을 청소하는 장면 등이다. 이러한 광고 실행(advertising execution) 방식은 **일상의 단면(slice of life)**이라고 불린다.

1219. 여배우 Jennifer Aniston이 특정 브랜드의 바디로션을 사용하고 홍보하는 광고에 등장하는 것은 **보증인(endorser)** 방식의 광고 실행(advertising execution) 사례이다.

1220. Dodge Ram 픽업트럭이 미국의 시골길을 주행하는 모습을 보여주는 광고는 **라이프스타일(lifestyle)** 방식의 광고 실행(advertising execution) 사례이다.

광고 미디어

1221. 온라인 및 소셜미디어(online and social media) 광고 매체는 상호작용적 기능(interactive capabilities)의 장점을 제공한다.

1222. 다이렉트 메일(direct mail)은 높은 타겟 선택성(high audience selectivity)의 장점을 제공한다.

1223. Chen은 유연하고 일대일 마케팅의 느낌을 줄 수 있는 광고 매체를 선택하고자 한다. 그녀가 선택하고자 하는 광고 매체는 **다이렉트 메일(direct mail)**이다.

1224. 신문(newspapers)은 광고 매체로서 효과적인데, 그 이유는 **매우 신뢰할 수 있는 매체이기 때문이다(are a highly credible medium)** 때문이다.

1225. 다음 중 텔레비전을 광고 매체(advertising medium)로 사용할 때의 이점 중 하나는 **여러 감각에 호소한다(it appeals to multiple senses)**는 것이다.

1226. Marcia는 친구에게 재미있는 광고에 대해 이야기하다가, 그 광고가 어떤 제품을 위한 것인지 묻자 "TV 광고가 너무 많아서 다 헷갈린다"고 답했다. 이것은 광고주들이 **광고 혼잡(clutter)** 문제로 인해 겪는 어려움을 보여준다.

판촉의 개념

1227. 판촉(sales promotion)은 최종 소비자(end-user consumers)를 직접 목표로 삼을 수도(can be aimed) 있고, 기업이 자사 제품을 판매하는 데 의존하는 유통 채널 멤버(channel members)를 타겟으로 삼을 수도(can be targeted) 있다. [맞음]

1228. 판촉(sales promotion)은 소비자에게 제품 구매하도록 유도하거나(inducement for an end-user consumer), 영업 사원이나 유통 채널의 다른 사람이(a salesperson or someone else in the channel) 제품을 판매하도록 유도하는 프로모션 믹스 요소이다. [맞음]

소비자 판촉 도구

1229. Gillette는 고객이 기존 모델에서 새 모델로 전환하도록 유도하기 위해 무료 면도기를 보낸다. 이것은 판촉(sales promotions) 접근법으로서 **제품 샘플링(product sampling)**을 사용하는 사례이다.

1230. 쿠폰(coupons)은 소비자 판촉(sales promotions) 옵션 중 하나로, 판매 시점에서 즉각적인 가격 인하(instant price reduction)가 제공된다.

1231. 고객 판촉(sales promotions) 중에서, 인쇄 매체, 온라인 또는 매장에서 제공되며, 판매 시점에서 즉각적인 가격 인하((instant price reduction))를 통해 고객이 "지금 구매하도록" 유도하는 것은 **쿠폰(coupon)**이다.

1232. 리베이트(rebates)는 특정 기간 동안(during a specific time period) 특정 제품 구매에 대한 가격 인하(price reduction)를 의미한다.

1233. McDonald's의 유명한 Monopoly 게임 – 많이 먹을수록 많이 참여하게 되는 구조 – 는 **경품 및 추첨(contests and sweepstakes)**이라는 판촉(sales promotion) 접근법의 사례이다.

1234. McDonald's는 모든 Happy Meal 마다 장난감을 무료로 제공한다. 이는 **프리미엄(premiums)** 판촉(sales promotion) 접근법의 사례이다.

1235. "하나 사면, 두 번째 제품 살 때 반값(buy 1, get 1 half price)"은 **다중 구매 혜택(multiple-purchase offers)**이라는 판촉(sales promotion) 접근법의 사례이다.

1236. Centrum 비타민의 "100정짜리 한 병 구매 시 20정짜리 미니병 추가로 증정" 행사는 **다중 구매 혜택(multiple-purchase offers)**이라는 판촉 접근법의 사례이다.

1237. 2016년과 2017년 여러 영화에 Apple 제품이 등장했다. 이는 애플이 **제품 노출(product placements)**이라는 판촉(sales promotion) 접근법을 사용한 사례이다.

1238. American Idol 쇼의 심사위원 책상 위에 Coca-Cola 병이 놓여 있는 것은 **제품 노출(product placements)**이라는 판촉(sales promotion) 접근법의 사례이다.

B2B 판촉

1239. 기업이 제품을 판매하기 위해 의존하는 유통 채널 멤버(members of a channel)를 대상으로 할 경우, **판매 촉진(sales promotion)**은 푸시 전략(push strategy)의 중요한 요소이다.

1240. 보너스 지급(bonus payments), 상품(prizes), 여행(trips) 등 영업 사원이 특정 제품을 더 많이 판매하도록 유도하는 인센티브는 소비자 대상 판촉(consumer sales promotion)의 한 형태이다. [틀림] ☞ 이는 내부 판매 프로모션(internal sales promotion)이라고 한다.

1241. 자동차 딜러십이 전년도보다 더 많은 하이브리드 차량을 판매하면 제조사로부터 보너스를 받는다. 이것은 **얼라우언스(allowance)**라고 불린다.

1242. 트레이드 쇼(trade shows: 박람회)는 채널 멤버(channel members)를 위한 판촉(sales promotion)의 한 형태이다.

1243. 트레이드 쇼(trade show)는 산업이나 회사가 주관하는 행사(company-sponsored event)로, 채널 멤버에게 자사 제품에 대한 정보를 제공하기 위해(for the dissemination of information about offerings) 그 안에 부스를 설치하게 된다. [맞음]

1244. 트레이드쇼(trade show)는 제조사가 채널 멤버에게 자사 브랜드의 광고 집행이나 잠재 고객을 대상으로 한 제품 시연(product demonstrations)과 같은 성과에 대해 특별한 인센티브(special incentive)를 제공한다. [틀림] ☞ 이는 트레이드 쇼가 아니라 협동광고(cooperative advertising)에 대한 이야기 이다.

1245. 푸시 전략(push strategy)에서는 제조업체로부터 유통 채널(channel of distribution)을 따라 아래로 내려오면서 강도 높은 프로모션 활동(intensive promotional activities)이 수행된다. [맞음]

PR 기본 개념

1246. PR(public relations)은 고객 및 기타 이해관계자의 태도, 의견, 행동(attitudes, opinions, and behaviors)에 영향을 미치기 위한 체계적인 접근 방식이다. [맞음]

1247. PR은 전문화된 분야이다(specialized field).

1) PR의 3대 핵심 기능

1248. PR의 핵심 기능 중 마케팅 매니저 역할과 가장 밀접하게 관련된 것은 **제품 홍보 및 입소문 내기(gaining product publicity and buzz)**이다.

1249. 제너럴 병원(General hospital)이 고속도로 101번에서의 다중 추돌사고로 여러 명이 다쳤다는 통보를 받고 구급차로 환자가 도착할 것을 대비해 표준 절차에 따라 준비한 사례는 **위기 관리(crisis management)**를 보여준다.

인적 판매 기본 개념

1250. 인적 판매(personal selling)는 수익성 있는 고객과의 장기적인 관계(long-term relationships with profitable customers)를 확보하고, 구축하고, 유지하는(securing, building, and maintaining) 것을 목표로 하는 쌍방향 커뮤니케이션 프로세스(two-way communication)이다.

1251. 영업 사원(salespeople)과 인적 판매 기능(personal selling function)은 회사와 고객 간의 개인적인 관계를 구축하고 강화하는 데(establishing and enhancing the personal relationship) 가장 효과적인 접근 방식이다. [맞음]

1) 인적 판매의 3대 장점

1252. 즉각적인 피드백(immediate feedback)은 인적 판매(personal selling)의 세 가지 뚜렷한 장점 중 하나이다.

1253. 다음 중 인적 판매(personal selling)가 다른 마케팅 커뮤니케이션 방식에 비해 가지는 뚜렷한 장점 중 하나는 메시지를 맞춤화 할 수 있는 능력(ability to tailor the message)이다.

1254. 다음 중 인적 판매(personal selling)가 다른 마케팅 커뮤니케이션 방식에 비해 가지는 뚜렷한 장점은 고객과의 개인적 관계(personal relationship with a customer)이다.

2) 인적 판매와 테크놀로지

1255. 다음 중 비테크놀로지 커뮤니케이션 판매 활동(nontechnology communication selling activity)의 사례는 **언어 및 전반적인 커뮤니케이션 능력 향상(enhancing language and overall communication skills)**이다.

1256. 다음 중 테크놀로지 중심적인 커뮤니케이션 판매 활동(technology-oriented communication selling activity)을 잘 반영하는 행동은 **음성 메시지 남기기(leaving voice-mail messages)**이다.

영업사원의 4대 업무

1257. 다음 중 영업 사원의 업무를 가장 잘 설명하는 활동 중 하나는 **정보 관리하기**(manage information)이다.

B2B 인적 판매

1258. B2C 시장과 B2B 시장의 주요 차이는 B2B에서 판매되는 서비스는 B2C보다 더 비싸고 기술적으로 복잡하다(services sold by b2b salespeople are more expensive and technically complex than those in b2c)는 것이다.

영업 포지션의 종류

1259. 거래 서비스 담당자(trade servicers)는 고객으로부터 직접 주문을 받고, 고객이 자사 제품을 유통업체 또는 기타 공급업체로부터 구매하도록 설득한다. [맞음]

1260. Boeing을 방문하여 항공기에 사용될 GE90 제트 엔진을 판매하려고 하는 General Electric의 세일즈 엔지니어는 **테크니컬 셀러(technical seller)**의 사례이다.

1261. 핵심 거래처 영업사원(key account salespeople)은 대형 거래처를 관리할 책임이 있으며, 특정 고객 문제에 대한 복잡한 솔루션을 개발하는 데 능숙한 사람들이다.

인적 판매 프로세스

1) 가망 고객 발굴

1262. 인바운드 텔레마케팅(inbound telemarketing)은 잠재 고객의 집이나 사무실에 전화를 거는 것이다. [틀림] ☞ 인바운드 텔레마케팅은 걸려온 전화를 받는 것이다.

1263. 잠재 고객이 더 많은 정보를 얻기 위해 수신자 부담 번호로 전화를 건다. 이는 잠재 고객을 확인하고(identify) 중요도를 결정하는(qualify) 데 사용되며, 이는 **인바운드 텔레마케팅(inbound telemarketing)**으로 간주된다.

2) 영업 프리젠테이션

1264. 고객의 니즈를 충족시키기 위한 관련 정보를 전달하는 것은 **영업 프리젠테이션(sales presentation)**이라고 불린다.

1265. 영업 프리젠테이션(sales presentation)의 목표는 단순히 판매를 성사시키는(make the sale) 것이 아니라, 상호 이익이 되는 장기적인 관계(mutually beneficial long-term relationship)로 이어질 수 있는 강력한 가치 제안(strong value proposition)을 만드는 것이다. [맞음]

1266. 영업 프리젠테이션(sales presentation)에서 메시지를 전달하기 위한 첫 번째 단계는 목표(goals and objectives)를 설정하는 것이다. [맞음]

1267. 영업 프리젠테이션(sales presentation)의 다섯 가지 주요 목표 중 하나는 **제품에 대한 관심 유도(build product interest)**이다.

1268. 가치 제안 설명(explaining the value proposition)은 훌륭한 영업 프리젠테이션(great sales presentation)의 네 가지 특징 중 하나이다.

1269. 효과적인 영업 프리젠테이션(effective sales presentation)에서 대응해야 할 질문들 중 하나는 제품의 부가가치는 무엇인가(what is the value-added of the product?)이다.

3) 반대 의견 처리

1270. 영업사원들은 가격(price)이 고객이 가장 흔히 갖는 우려사항(most common customer apprehension)이라고 지속적으로 보고한다. [맞음]

4) 영업 클로징

1271. 영업 클로징(closing the sale)은 고객으로부터 구매에 대한 확약(commitment)을 받아내는 것이다.

1272. 지나치게 말을 많이 하는 것(too much talking)은 영업 클로징 시(in closing a sale) 발생하는 치명적인 실수 중 하나이다.

5) 후속 조치

1273. 고객에 대한 후속 조치(following up with customers)는 인적 판매 프로세스(personal selling process)의 마지막 단계이다.

1274. 판매 프로세스(selling process)에서 가장 중요한 측면 중 하나는 구매 결정 이전이 아니라 이후에 일어나며, 이를 후속 조치(follow-up)라고 한다. [맞음]

영업 조직의 구성

1) 독립 대리점 vs. 직영 영업조직

1275. 독립 대리점(independent agents)을 사용할지 회사 영업 조직(company sales force)을 사용할지는 **전략적 유연성(strategic flexibility)**에 따라 결정된다.

1276. 독립 영업 대리점(independent sales agents)을 사용하는 것은 **영업 조직 아웃소싱(outsourcing the sales force)**이라고 불린다.

1277. 독립 영업 사원(independent sales people)을 사용할지 여부를 결정할 때 고려되는 네 가지 요소 중 하나는 **거래 비용(transaction cost)**이다.

2) 영업 조직 구성

1278. 영업 조직의 조직 구성(sales force organization)을 위해 가장 단순한 방식은 **지리적 조직(geographic orientation)**이다.

1279. 지리적 영업 조직(geographic sales orientation)의 단점은 **노동의 전문화를 지원하지 못하는 것(it does not support specialization of labor)**이다.

1280. **제품별 조직(product organization)**은 영업 사원의 기술적 지식(technical knowledge)을 활용할 수 있게 한다.

1281. 시장별 조직(market organization)의 주요 장점은 개별 영업사원이 단일 제품에 관련된 기술적 속성(technical attributes), 응용 방식(applications), 그리고 가장 효과적인 판매 기법(most effective selling methods)에 익숙해질 수 있다는 점이다. **[틀림]** ☞ 이 설명은 시장별 조직이 아니라 제품별 조직에 대한 것이다.

영업 조직의 관리

1) 동기부여

1282. 회사 마케팅 예산(company marketing budget)은 영업사원의 성과에 영향을 미치는 세 가지 조직적 요인 중 하나이다.

1283. 필요한 영업 과업(necessary sales tasks)을 수행하는 데 있어 개인이 학습한 숙련도(individual's learned proficiency)를 **영업 기술 수준(sales skill level)**이라고 한다.

2) 보상

1284. 성취감, 개인적 성장, 자존감(feelings of accomplishment, personal growth, and self-worth) 등은 **내적(intrinsic)** 보상의 사례이다.

1285. 개인적 성장(personal growth)은 내적 보상(intrinsic reward)에 해당한다.

1286. Bart는 올해의 영업사원 상을 받았고, 회사로부터 2인 크루즈 여행을 선물 받았다. 이것은 **외적(extrinsic)** 보상의 사례이다.

1287. 커미션(commission)은 일정한 간격으로(at regular intervals) 지급되는 고정 금액(fixed sum of money)이다. [틀림] ☞ 이는 고정급(salary)에 대한 설명이다.

1288. Carlo는 격주 금요일마다 동일한 금액의 급여를 받는다. Carlo는 **급여(salary)**를 받는 것이다.